El Corazón
en Paz

El Corazón en Paz

La Sabiduría de los Padres del Desierto

Mary Margaret Funk, O.S.B.

CONTINUUM

New York • London

2001

The Continuum International Publishing Group Inc
370 Lexington Avenue, New York, NY 10017

The Continuum International Publishing Group Ltd
The Tower Building, 11 York Road, London SE1 7NX

Translated from the American *Thoughts Matter: The Practice of the Spiritual Life,*
copyright © 1998 by Sisters of St. Benedict of Beech Grove, Ind. Inc.

Spanish translation copyright © 2001 by Marina Campero Funk
and Mercedes Arca Scopetta

Printed in the United States of America

Library of Congress Cataloging-in-Publication Data

Funk, Mary Margaret
   [Thoughts matter. Spanish]
   El corazón en paz : la sabiduría de los Padres del Desierto / Mary Margaret
Funk.
     p. cm.
   Includes bibliographical references.
   ISBN 0-8264-1323-4
   1. Deadly sins. 2. Spiritual life – Catholic Church. 3. Catholic Church –
Doctrines. 4. Cassian, John, ca. 360 – ca. 435. I. Title.

BV4626 .F86 2001
248.4'82 – dc21

00-065787

Se le agradece a Terrence G. Kardong el permiso autorizando la cita de sus escritos, *Cassian on Chastity: Institute VI, Conference XII, and Conference XXII,* introducción y traducción por Terrence G. Kardong, derechos reservados 1993.

Contents

Esta traducción fue hecha por Marina Campero Funk de West Lafayette, Indiana y Mercedes Arca Scopetta, Ph.D. de Key Biscayne, Florida. La petición procede, principalmente, de miembros de la comunidad hispano-americana de Miami, Florida y de muchos cristianos que prefieren practicar Lectio Divina en su lengua nativa. Cuando se enseña y se estudia el libro "El Corazón en Paz," se hace posible vislumbrar la profundidad, la amplitud y la sabiduría infinita de la Tradición Cristiana del Desierto. Esta traducción, dedicada a la comunidad de origen hispano, conduce al peregrino a esa era antiquísima, que al mismo tiempo, se parece tanto a la nuestra.

Prólogo

HAY LIBROS para ser leídos y hay libros para ser vividos. La presente obra de la Hna. Mary Margaret Funk se ubica en el segundo grupo. La Autora ha tenido la rara capacidad de hacer accesible una joya de la literatura espiritual de todos los tiempos. Y no sólo la teoría, sino sobretodo la práctica. Más aún, ha sabido enriquecer la enseñanza de Juan Casiano con los aportes de otros monjes de los desiertos cristianos, la sabiduría oriental no cristiana y lo mejor de la psicología humanista contemporánea.

Considero que ya está pasando la época en que se consideraba la religión y, por extensión, la experiencia espiritual y religiosa como algo negativo. Para una cierta concepción "psicoanálitica" la religión sería tan sólo el deseo de la protección original del padre en la infancia, proyectado hacia un Dios ilusorio, dado que no hay otra realidad diferente. En consecuencia, los hombres y mujeres que buscan el absoluto de Dios devalúan la realidad, perciben delirantemente el mundo, se someten incondicionalmente ante el dolor a causa del propio desconsuelo. ¡Esta gente adolece, en definitiva, de infantilismo psíquico! Pero las cosas no son tan sencillas y la historia puede leerse con muchos prejuicios. Cualquier lector medianamente lúcido, leyendo *El Corazón en Paz* llegará a la conclusión de que Juan Casiano y muchos otros "habitantes de los desiertos" han sido los primeros exploradores de las profundas cavernas de la psique humana.

Nadie duda en nuestros días que estamos viviendo una época de cambio y un cambio de época; todo lo cual implica no sólo

una transición sino también una crisis cultural. Y la historia
nos demuestra que todo momento de crisis cultural es momento de despertar religioso. Esto explica la proliferación de
ofertas espirituales en el mercado religioso y cultural de hoy.
Ante tal cantidad de ofertas hace falta discernimiento para no
equivocarse de opción.

No dudo en recomendar el presente libro como una ayuda
muy apropiada para establecer las bases necesarias para una
vida seria de búsqueda de Dios. Y podemos aún agregar algo
más. El combate o la disciplina de los pensamientos es un requisito indispensable para vivir una vida feliz y poder así hacer
feliz a quienes nos rodean.

Bernardo Olivera

Abad General de los Cistercienses Reformados (Trapenses)
Roma, 3 de Diciembre del 2000

Introducción

Escucha las enseñanzas
e inclina hacia ellas el oído de tu corazón
(*Regla de San Benito*)

DIOS ES EL DESEO de nuestro corazón. Este libro está dedicado a cada persona que en su travesía espiritual busca con seriedad el camino recto. De acuerdo con Juan Casiano, un monje del Siglo IV, se necesitan tres renunciaciones para que podamos andar en ese camino. Primera: debemos renunciar a nuestro modo de vida anterior y acercarnos más al deseo de nuestro corazón, hacia la vida interior. Segunda: debemos hacer el trabajo ascético interior renunciando a nuestros pensamientos insensatos. Esta renunciación es particularmente difícil, puesto que tenemos un control muy limitado sobre nuestros pensamientos. Tercera: finalmente, tenemos que renunciar a nuestras propias imágenes de Dios para poder participar en la contemplación de Dios como Dios.

Este libro trata sobre la segunda de las tres renunciaciones mencionadas: la lucha con los pensamientos. Temas repetitivos o series de pensamientos se deslizan continuamente por nuestra mente consciente. Estos pensamientos—que pueden llegar a convertirse en deseos y finalmente en pasiones—se agrupan en forma predecible: son sobre la comida, el sexo, las cosas, la ira, la tristeza, la acedia (o apatía espiritual), la vanagloria y el orgullo. Algunos de ellos son tan conocidos como el respirar. Otros son enteramente reveladores, obstáculos hechos por uno mismo que se interponen entre nosotros y nuestro deseo más profundo.

En un mundo contemporáneo de enseñanzas espirituales complejas, que exigen un conocimiento sofisticado y estudios difíciles, las lecciones de Casiano son muy directas. El, simplemente invitó a los antiguos lectores cristianos a buscar a Dios por medio del conocimiento y de la estabilización de sus pensamientos. Más de 1600 años después, a pesar del insistente y caótico zumbido del ruido que nos rodea y que ocupa nuestras mentes, esta misma invitación se extiende a todos nosotros.

Juan Casiano nació en Dacia (hoy en día Rumania) más o menos en el año 360 de la Era Cristiana, viajó a Palestina y Egipto, donde permaneció veinte años como monje, empezando su vida monástica en un *cenobium* (comunidad de monjes) de habla griega, en Belén. Como muchos fieles de su época, inspirados por los padres y las madres de Egipto, Casiano no estaba contento con sólo oír las historias de estos ascetas famosos, fue a conocerlos y permaneció ahí hasta el año 399. Fue ordenado sacerdote en Constantinopla por San Juan Crisóstomo en el año 405. Escribió una colección maravillosamente ingeniosa, sobre las enseñanzas de miles de solitarios de la primera Era Cristiana que vivían en los desiertos de Egipto, Siria y Palestina. Finalmente, partió en una excursión a Roma y a Antioquía y regresó a Belén, lo que le tomó quince años. Hacia el final de su vida, fundó dos monasterios cerca de Marsella, en el sur de Galia. Un monasterio era para hombres y el otro para mujeres. Casiano murió alrededor del año 435, y su fiesta se celebra el 29 de febrero en la Iglesia Ortodoxa. El Ordo Latino (calendario de rituales) del año 1997, no tiene ningún día señalado para honrar a Juan Casiano.

Con el propósito de atender a sus nuevas fundaciones monásticas, Casiano escribió en Latín treinta y seis libros, doce *Institutos* y veinte y cuatro *Conferencias,* durante los años 425–428. Estos trabajos están editados y adaptados al sistema de Casiano, pero son unas versiones maravillosamente instructivas de las enseñanzas y prácticas de los primeros padres y madres del desierto, que demostraron con sus vidas que el viaje espiritual, la búsqueda de Dios, requiere las tres renunciaciones previamente mencionadas.

La *Regla de San Benito* (RB), escrita cien años después de la época de los padres y madres del desierto, era una extensión de ese mismo espíritu. Benito, en su regla breve, se refiere a las *Conferencias* de Casiano setenta y ocho veces y sesenta y ocho veces a los *Institutos*. Su tema dominante de entonces, es el mismo de hoy en día. Igual que Casiano, Benito invita a sus monjes y monjas a hacer las tres renunciaciones, el dejar todo y seguir a Cristo, no viajando al desierto como lo hicieron los padres y las madres, pero viviendo en un monasterio. Ahora decimos que los practicantes laicos pueden también participar en esta misma experiencia transformativa siendo fieles a su trabajo interior. Depende de cada individuo decidir qué se requiere para abandonar su modo de vida anterior: permanecer aparentemente en el mismo medio ambiente, o cambiar su ubicación y modo de vida. Un cambio de la vida exterior para beneficio de la vida interior, acontece por lo menos una vez a algunos, muchas veces a otros. Sin tener en cuenta el medio ambiente que se elige, se debe prestar mucha atención a la segunda renunciación: abandonar los pensamientos que no están dirigidos hacia la oración.

He querido escribir este libro, porque aunque hay muchos otros libros sobre la oración, no hay mucho disponible para nosotros los que estamos trabajando arduamente con la segunda renunciación, que es difícil pero importante, donde los pensamientos hacen gran diferencia. En mi trabajo con el Consejo Monástico de Diálogo Inter-Religioso, he tenido la oportunidad de mantener conversaciones privilegiadas con practicantes budistas e hindúes. Al escuchar a los eruditos y sabios profesores del Oriente, entiendo perfectamente la atracción que sentimos por la cultura oriental. La contraparte cristiana para estas enseñanzas la encuentro en los escritos de la tradición del desierto de Juan Casiano. Es confortable saber que todas las tradiciones religiosas organizadas, tienen enseñanzas sobre la mente, que el buscador serio tiene que pasar por un entrenamiento para cambiar la dirección de su mente y poder seguir un camino espiritual.

El renunciar a nuestros pensamientos debe parecer pasado de moda al observador casual—austero, agorero, hasta inexorable. Pero la teoría sobre esto, desarrollada hace más de 2000 años, ahora está siendo descubierta de nuevo, apropiada de nuevo, tanto por místicos, como por eruditos. Una mente en paz, tranquila, lista para pensar conscientemente, tiene gran valor para aquéllos de nosotros que hacemos frente al caos, al ruido, al aturdimiento mientras nos acercamos al Tercer Milenio.

Tengo la esperanza que este libro nos ayudará a reclamar la espiritualidad del desierto para nuestra época, de tal forma que podamos integrar estas enseñanzas en nuestro diario vivir. En forma más importante, tal vez este libro ayude a los buscadores serios a nombrar lo que ya han experimentado. Entonces, podremos dedicar nuestras vidas al discipulado.

Una palabra de precaución: las enseñanzas relacionadas con los pensamientos de la forma que Juan Casiano las presenta, constituyen un sistema. Para entender cómo están vinculados los pensamientos y las prácticas, el lector debe seguir esta presentación en forma secuencial, capítulo por capítulo. Las instrucciones incluidas en este libro nos obligan a identificarnos con la actitud mental de la sabiduría de antaño. Renunciar a nuestros pensamientos puede parecer sumamente difícil y extraño a una mente acostumbrada a cultivar y desarrollar sus pensamientos como una acción positiva. En esta discusión, he intentado deletrear mi conocimiento y comprensión de estos escritos antiguos, pero para su estudio, tal vez es preferible recurrir a la literatura original que se encuentra en la bibliografía. Finalmente, es posible ofrecer resistencia a la renunciación del medio pensando que no es la apropiada para uno, que no es la dirección que se desea seguir. No obstante, tal vez este pequeño libro le conduzca al paso siguiente, sea cual sea.

Capítulo 1

Sobre los Pensamientos

S i Dios es el deseo de nuestro corazón, entonces el corazón conoce su propio camino. De algún modo, todos los que buscan, sienten en este camino el magnetismo de la jornada. En todo caso, mediante la reflexión sobre las enseñanzas de los primeros ermitaños del desierto, podemos aprender cómo los primeros cristianos alcanzaron la relación mística con Dios que nosotros también añoramos, no en la próxima vida, pero en esta vida terrestre. Las vidas de los doscientos padres y madres del desierto de los que nos habla Casiano en sus Institutos y Conferencias[1] nos muestran claramente que no es suficiente hacer una buena resolución con respecto a nuestras intenciones. Los hechos tienen que seguirlas.

Sin embargo, no es tan fácil como parece. Todos los hechos deben estar acompañados por intenciones rectas. Los que buscan seriamente, deben entrenar sus mentes para mantener sus metas siempre al frente de su mente consciente. Este trabajo interior—este entrenamiento de la mente—requiere práctica. Esta práctica se conoce en la tradición como "la vida ascética."

Recuerdo cuando descubrí que la labor principal del monasterio no era el servicio apostólico. Después de mis votos finales, me tomó unos cuantos años más comprender que no fui llamada al monasterio simplemente para servir en el ministerio de la enseñanza, para cuidar a los enfermos, o para hacer servicios pastorales. Descubrí que el objetivo primordial de la cultura Benedictina es preparar a la persona para la vida interior. Esta vida ascética, de oración, evolucionará naturalmente y producirá el fruto de la hospitalidad y del servicio.

La vida interior que llegaría a conocer, sería la de mi trabajo y el trabajo del monasterio. Sólo cuando me di cuenta del poder de mis pensamientos y pude renunciarlos, escuché la voz siempre suave de Dios en lo profundo de mi interior. Y cuando llegué conocer a Dios en lo más profundo de mi ser, pude saborear algo mucho más grande que las experiencias usuales. ¿Son solamente los monjes los únicos que pueden conocer a Dios en lo profundo de su ser? ¿Acaso la voz de Dios está reservada solamente para unos pocos, o es que esta misma llamada la escuchan todos los que buscan? No, hay un monje o una monja en cada uno de nosotros, de la misma forma que hay un ermitaño del desierto en cada monje. La práctica de cada uno de nosotros es la labor interior, es la práctica de entrenar nuestros pensamientos.

La tradición del desierto del cristianismo primitivo, brinda un lenguaje común para expresar la experiencia religiosa compartida. Los Institutos y Conferencias de Juan Casiano, nos dan una descripción extremadamente clara y concisa de la práctica en la tradición cristiana. Tal vez es la descripción más clara que existe. Esta Era Dorada duró solamente doscientos años, desde 250 a 450 de la Era Cristiana. Durante esta época hubo un movimiento espontáneo que influenció a muchos a ir al desierto para vivir el Evangelio en una forma radical: "Abandonar todo y seguir a Cristo." Sumergidos en la quietud del desierto austero, con el propósito de renunciar totalmente el mundo, viviendo en la soledad, estos ermitaños experimentaron solamente emociones crudas, emociones primitivas.[2]

En el antiguo y siempre citado relato místico del Padre Antonio, oímos su relato sobre sus vicisitudes al renunciar a su fortuna, honor, condición social, parentescos, y confort, sólo para encontrar que la fortuna, honor, condición social, parentescos y confort, lo siguieron a su soledad. En vez de tener una experiencia mística con Dios, su mente mantenía presente su vida anterior. La oración se le hacía muy difícil, ya que a pesar de estar en el desierto, su mente seguía en su hogar.

Tenía que pasar por la segunda renunciación. Comprendió que sus pensamientos tenían importancia y que tenían que tomarse en serio, porque si no lo hacía, le era imposible orar. Empezó a entrenarse a sí mismo para observar sus pensamientos, exponiéndolos en vez de resistirlos. Este santo padre de la vida monástica, aprendió a cambiar la dirección de sus pensamientos, ya sea volviéndolos a pensar, o colocando una oración al lado de su pensamiento.

Muchos años antes de la época de Antonio, los ermitaños habían descubierto que en el silencio de sus corazones, se presentaban grupos de temas que se repetían una y otra vez, a intervalos regulares: eran pensamientos sobre la comida, el sexo, las cosas, la ira, la tristeza, la acedia, la vanagloria y el orgullo. La lucha con estos pensamientos la consideraban la parte negativa de la práctica de su control. La alternativa, que era la acción positiva, consistía en llenar sus mentes con plegarias inspiradas y tradicionales. Casiano usa el término *lectio* y Benito usa *lectio* y *lectio divina*, como la práctica aconsejable para todos los cristianos de esta forma tradicional de orar. Este método particular de lectura sagrada, brindaba una forma de escuchar las Escrituras con el oído del corazón.

Necesitamos revivir la tradición que sirvió tan eficazmente a los padres y madres del desierto. Ellos literalmente, entraban dentro del texto que les revelaba a Dios. La sabiduría de una tradición posterior, popularizada por San Hugo, enseñó que *lectio divina* tenía tres libros: el libro de la naturaleza, el libro de la experiencia y el libro de la Escritura.[3]

Cuando se practica *lectio divina* con la Escritura, tiene tres etapas: la primera es *lectio*, lectura, estudiar y comprender el sentido literal del texto. Durante los primeros siglos de la Era Cristiana, la Escritura era el prisma prevaleciente de la sabiduría cultural. No existía separación entre lo secular y lo sagrado, como se encuentra hoy en día. Es importante comprender claramente la Escritura, porque ese texto revelador, facilita la fe, que a su vez es transmitida de una generación a la otra.

Para estudiar el sentido literal de la Escritura, se necesita tomar los cinco pasos siguientes: Primero, identificar el género, la clase de literatura que es. Segundo, estudiar al autor o a los autores para entender cuál es el mensaje que esta obra está tratando de transmitir. Tercero, leer el pasaje y examinar el texto, incluyendo las notas al pie de la página, analizando el contexto del pasaje, cómo está estructurado en la secuencia del texto, qué es lo que viene antes y después del texto escogido. Cuarto, examinar las referencias para ver si nos llevan a otros textos similares y estudiar las referencias que nos interesan. Quinto, ver las diferencias sutiles y el matiz del significado, verificar diferentes traducciones si es necesario, para ver cómo el significado ha cambiado de acuerdo con cada traducción.

Estas cinco recomendaciones simples, que nos sirven de ayuda en la lectura de la Escritura, están disponibles para nuestro uso en una gran variedad de Biblias en las librerías. Los estudiantes más avanzados pueden hacer un estudio o una exégesis más profunda sobre el pasaje, leer comentarios, estudiar textos paralelos, o comparar traducciones en diferentes idiomas. Este método sencillo de cinco pasos está diseñado de manera que se entienda el significado, sin que uno se pierda en la búsqueda inagotable del saber. *Lectio,* en *lectio divina* significa leer para orar, no para enseñar, predicar o escribir.

La segunda etapa en *lectio divina* es *meditatio,* pensar y reflexionar sobre el significado del texto de forma que se pueda entender su significado. Los ermitaños usaban sus celdas (habitaciones individuales / espacio de estudios) para sumergirse en la palabra de Dios hasta que les brotaba naturalmente una oración, que les salía tanto de su interior como de su exterior. Hoy en día, nosotros también podemos memorizar o incorporar el texto, leyéndolo repetidamente, escribiendo en nuestro diario, expresando artísticamente su significado a través de la música, bailes o arte. Para comenzar el proceso de *meditatio,* sirven de mucha ayuda los Salmos o los Evangelios.

El tercer período, *oratio,* es la vivencia del texto incorporándolo en la vida misma, ya sea en la oración, en el trabajo o en actos de amor. La Escritura cesa de ser solamente sobre Dios, pero comienza a dirigirse a Dios con palabras apasionadas de gratitud y de alabanza. La Escritura se convierte en el idioma de una amistad afectuosa. Los solitarios cantaban salmos y oraban tan incesantemente como les era posible. Podemos decir la Oración de Jesús, o acompañar a Cristo en nuestros corazones por medio del diálogo. Al vivir entre monjas, he observado que el trabajo se convierte para ellas en una oración consciente, cada acción hecha cuidadosamente, con atención, en la presencia de Dios. Existe una inclinación natural para practicar la presencia de Dios por intermedio de la atención, de oraciones cortas, de actos explícitos de caridad y de actos de abnegación.

Finalmente, *contemplatio* significa sentarse en silencio, sin pensamientos, en el gozo indescriptible de sencillamente descansar en Dios. Esta es la definición clásica de contemplación, de acuerdo con Gregorio el Grande. Todos los textos sagrados tienen como su fin y designio, la contemplación. Lo que resulta importante en *lectio divina* para nosotros hoy en día, es ver que a diferencia de los padres y madres del desierto, que pasaron por diferentes estados de iluminación, nosotros no tenemos que ir al desierto para liberarnos de nuestros pensamientos y para aprender a orar, porque podemos orar en nuestras propias moradas. *Lectio divina* es una forma personal o doméstica de oración. El fruto de *lectio divina* es una relación con Dios que sea consciente, viva, y activa.

Los recién llegados o los peregrinos que oyeron de los padres y de las madres del desierto, iban al desierto y preguntaban cómo podían establecer una relación mística con Dios. En la forma más antigua de dirección espiritual, el padre o la madre que ya había experimentado a Dios y que había pasado por la segunda renunciación, la renunciación de los pensamientos, era capaz de penetrar en los corazones y en los pensamientos del peregrino. Ella o él, le dirían al buscador una palabra, un dicho, o una historia, que ayudaría al que la oía, a acercarse más a su propia salvación. Esa transmisión, estaba basada en un intercambio honesto entre un maestro iluminado y un discípulo que estaba no sólo listo para escuchar la palabra, sino también para poner la palabra en acción. Muchos de estos dos mil y más dichos antiguos, eran sobre los ocho pensamientos. Usando muchos de estos relatos, Juan Casiano escribió conferencias o largas disertaciones para los novicios monásticos. Antes de examinar esas enseñanzas, es necesario tener un conocimiento de la forma de hablar sobre el cuerpo, la mente y el alma y de la forma que los pensamientos, deseos y pasiones emergen.

En la antigüedad, el pensamiento cristiano estaba influenciado por los pensadores neoplatónicos y estoicos. Los cristianos bautizaron la filosofía de Platón. Mientras que el pensamiento platónico parece ultramundano en su síntesis, ideales y metas, en realidad el pensamiento griego es muy mundano. La experiencia se considera como la base de la introspección. Los neoplatónicos tenían un entendimiento muy sofisticado sobre el parloteo de nuestra vida interna. Hoy en día, nos hemos trasladado del pensamiento griego hacia las inmediaciones de Dios sin ningún sistema filosófico, pero podemos seguir aprendiendo de lo mejor del pensamiento helenístico que moldeó la mayor parte de nuestra historia. Los antiguos padres y madres del Siglo III al Siglo V observaron que los pensamientos y el tener conciencia de ellos, era la clave del conocimiento del cuerpo, de la mente y del alma.

Se consideraba el cuerpo como el vehículo del alma. La mente vivifica el cuerpo y le da la habilidad de reflexionar sobre sí mismo. Cuando la mente deja al cuerpo, el cuerpo muere. El alma vivifica el cuerpo y la mente y une al cuerpo-mente, convirtiéndola en una persona que trasciende el tiempo y el espacio. El alma, que vivirá más allá de la duración de la vida del cuerpo y de la mente, es el estado ideal para experimentar la felicidad. Durante la vida terrenal, el cuerpo y la mente tienen limitaciones, pero el espíritu no las tiene. Sin embargo, el alma puede ser disminuida si el libre albedrío de la persona escoge mal.

Haciendo uso del paradigma cuerpo-mente-alma, la sabiduría cristiana del desierto nos dice que el Espíritu Santo es el alma del alma que vivifica a la totalidad de la persona humana. Esta divinización es total, penetrante y eficaz si se levantan los obstáculos creados por el pecado original. El obstáculo mayor es el pecado, o el apartarnos de nuestro Creador que nos hizo a su imagen y semejanza. El pecado es la última etapa de los malos pensamientos, deseos y pasiones. El pecado nos conduce a una vida viciosa dedicada al mal. Podemos invertir esta tendencia usando nuestros pensamientos, deseos y pasiones para el bien. Esta es la vida virtuosa de la gracia.

Hoy día resistimos los modelos dualistas que hacen hipótesis simplistas acerca de los opuestos contrastantes. Consideramos peligroso el juzgar ciertas cosas buenas y ciertas cosas malas, cuando la mayoría de la realidad es una mezcla del bien y del mal, y no se tiene la certeza que el mal no podría ser beneficioso y lo bueno una ilusión. La mayoría de los creyentes post-modernos abrazan una espiritualidad saturada de la divinización cósmica que Pierre Teilhard de Chardin describió en forma tan atractiva.[4] Muchos de nosotros ya no vemos la salvación como un asunto privado entre el alma y Dios. Somos seres sociales luchando por una conciencia universal esposada con el *todo* de nosotros en *cada uno* de nosotros. No obstante, no podemos alcanzar esta dimensión cósmica sin el entrenamiento de la mente. La sabiduría del desierto tenía conocimiento de la unidad de todas las personas y del impacto de cada uno de nuestros pensamientos sobre esa unidad. Además, las madres y los padres del desierto nos han dado conocimientos penetrantes y enseñanzas simples sobre la forma en que funcionan los pensamientos.

Los pensamientos—dicen estos maestros—brotan en la mente. Vienen en una secuencia, en una sucesión de pensamientos. Nosotros no somos nuestros pensamientos. Los pensamientos van y vienen. Los pensamientos que no vienen acompañados pasan rápidamente.

Los pensamientos sobre los que se piensa, se convierten en deseos. Los deseos sobre los que se piensa se convierten en pasiones. Los pensamientos buenos se convierten en virtudes. Los pensamientos malos se convierten en deseos malos. Las pasiones malas o hábitos de hechos se convierten en pecados. Las pasiones nos influyen cuando las aceptamos. De ahí, las pasiones se mueven de pasivas a un compromiso activo. Podemos cambiar la dirección de nuestros pensamientos. Podemos advertir nuestros pensamientos a la primera instancia y podemos controlar nuestra mente. Una mente en control de sí misma, es una mente en paz.

Los primeros pensamientos generan los segundos pensamientos, que a su vez, se convierten en intenciones. Las intenciones constituyen motivaciones e indican dónde mora el corazón. La motivación mueve a la voluntad a decidir y convierte el pensamiento en acción. La decisiones manifiestan las opciones que pensamos desempeñar.

La atención que prestamos a nuestros pensamientos, revela nuestras intenciones. Los actos correctos deben ser acompañados por las razones correctas. En caso contrario, el acto se vuelve dañino para nosotros en ésa situación particular. El discernimiento es nuestra aptitud de hacer lo correcto con la intención o la motivación correcta.

Los pensamientos que encontramos en nuestra conversación interior se agrupan en ocho temas que se repiten constantemente. Estos ocho pensamientos se manifiestan a uno mismo en la soledad, porque nuestra vida exterior nos sigue a las cámaras privadas de nuestro corazón. Estos pensamientos son clásicos, porque acaecen a cada persona en cada era, presentando siempre el mismo ciclo.

En la literatura del desierto, el entrenamiento de un novicio se concentraba principalmente en las necesidades externas, qué comer, cómo vestirse, qué hacer durante el día, y cómo vivir en el medio ambiente del desierto. La segunda serie de instrucciones es sobre el manejo de los ocho pensamientos: sobre la comida, sobre el sexo, sobre las cosas, sobre la ira, sobre la tristeza, sobre la acedia, sobre la vanagloria y el orgullo. El orden de los pensamientos es importante, porque se mueven en secuencia desde los más simples, hasta los más complejos. Estas enseñanzas nos revelan que aunque nuestras selecciones de vida gobiernan lo que usamos, lo que comemos y cómo utilizamos nuestro tiempo durante todo el día, todas las personas, sin tener en cuenta su modo de vida, están sujetas a los ocho pensamientos. Tenemos preferencias personales sobre nuestra comida y bebida, de la forma que nos expresamos sexualmente, y de la forma de obtener las cosas que necesitamos. Con toda seguridad, ninguno de nosotros ha pasado una semana sin tener pensamientos de ira, pensamientos de depresión o de júbilo. Muchas veces nos cansamos y aburrimos de la lucha espiritual, a veces por muchos años. Finalmente, ¿quién de nosotros no ha sentido surgir el orgullo, como un oleaje que penetra cada uno de nuestros logros y que está detrás de cada uno de nuestros fracasos?

Cuando recordamos los ocho pensamientos, inmediatamente nos vienen a la mente los siete pecados capitales. Gregorio el Grande fue el primero en enumerar los "ocho pensamientos" como los "siete pecados capitales." (Generalmente se suprimía la vanagloria y si se trataba, se hacía bajo la clasificación del orgullo o de la soberbia). A pesar que esta terminología de los pecados capitales encontró entrada en cada uno de los catecismos, el impacto del pensamiento que produce nuestras acciones, era a veces ignorado. El énfasis en el pecado, que resultó como una consecuencia de esta terminología, tenía el efecto de distorsionar el énfasis que se le dio primero a la riqueza de la vida interior del buscador serio, quién en su esfuerzo por alcanzar la pureza del corazón, añora intensamente una unión significativa con Dios.

Esta unión exige de nosotros tres renunciaciones: Primera, tenemos que renunciar a nuestro modo de vida anterior. Seguimos nuestro llamado o aceptamos nuestra "vocación" escogida. Hay que tomar en cuenta el lenguaje: aceptamos nuestra *vocación escogida*. La escogencia no es el convertirnos en practicantes, pero el aceptar la invitación que nos llama a este modo de vida tan imponente. No lo hemos creado para nosotros mismos. Estamos respondiendo a un anhelo incrustado en lo más profundo de nuestros corazones.

En las primeras tradiciones del desierto, se renunciaba a la familia, a la profesión, la riqueza, la condición social y los hijos. El peregrino se iba a orar al desierto, originando así, la forma más antigua de lo que hoy en día consideramos "la vida religiosa." En la actualidad, los buscadores renuncian a su modo de vida anterior por medio de muchas opciones. Algunos escogen pertenecer a una comunidad religiosa o entrar al seminario. Otros renuncian a su modo de vida anterior de ser solteros, de ser dueños de propiedades, de seguir una profesión particular, o tal vez, renuncian a distinguirse socialmente.

He visto tanto a buscadores monjas como laicos, tomar con suficiente seriedad sus prácticas interiores para cambiar el orden de sus horarios y crear un espacio específico para orar en sus dormitorios, en sus casas o apartamentos. Los he visto empezar a detenerse diariamente en un santuario o en una capilla. Los he visto cambiar sus intereses previos, sus vínculos, sus pasatiempos y costumbres para poder practicar la meditación seriamente, algo que exige tiempo, silencio y soledad. Para dar el primer paso hacia la práctica progresiva, se necesita la primera renunciación, la renunciación de nuestro modo de vida anterior. A pesar que el que trabajo es interior, nosotros como humanos, necesitamos tiempo y espacio para servir a nuestro corazón y entrenar la mente.

Muchas personas intentan evitar esta renunciación de su modo de vida anterior, tratando de vivir dos o tres vidas paralelas. Por ejemplo, una monja en el convento trata de mantener todas sus relaciones anteriores, especialmente sus obligaciones familiares, o un laico buscador continua con su vida de viajes que le impide cualquier práctica espiritual. El que busca seriamente, abandona voluntariamente su modo de vida anterior, porque se ha dado cuenta que el propósito único de vivir una vida espiritual, requiere toda su energía. Se abandonan las costumbres anteriores. Se ejerce el control de siempre mirar hacia las nuevas metas. Uno siente tener una inclinación y un afán hacia este nuevo modo de vida. Se siente como una persona enamorada. No es tan difícil dejar el hogar cuando otra pasión te atrae hacia el amado. Su voz es persistente y totalmente seductiva. Susurra suavemente, invitando a una conversación íntima, a la amistad, a la lectura, al arte, a la música. Dios, el amante es real, olvidarse de El no es una opción.

Se puede describir esta primera renunciación en muchas formas: huida del mundo, conversión del estilo de vida, cambio de corazón, arrepentimiento, *xeniteia* (huida de la humanidad que en los tiempos del desierto significaba entrar al monasterio o el volverse un ermitaño). Esta huida, era más bien para poderse conocer a sí mismo, observando sus pensamientos y no un intento de escapar de alguien o de algo. Conocer nuestros pensamientos es un paso indispensable para cambiar la dirección de nuestro corazón hacia Dios mediante la oración. Da lo mismo que nuestra huida sea al monasterio, o a una caverna en el desierto. La práctica principal que nos lleva a conocer nuestros pensamientos y a renunciarlos, es el silencio. La sabiduría nos dice que el silencio nos enseña todo.

Un hermano fue donde el Abad Moisés en Scete y le pidió una palabra sabia. Y el anciano le respondió, "Ve y siéntate en tu celda, y tu celda te enseñará todo." El Evangelista nos dice que el reino de Dios no nos llega por la observación, tampoco nos llega de acá y de allá. Sí nos llega de dentro de nosotros mismos, pero, no puede haber nada más dentro de tí (*Conf.* I.12).

No obstante, para llegar al lugar del silencio, el buscador serio, tiene que hacer la primera renunciación: su modo de vida anterior, su vida exterior. Nuestra vida exterior tiene que estar ordenada hacia el trabajo del alma. En el nivel más elemental, el silencio nos ayuda a conocernos, porque eliminamos el parloteo de la vida inconsciente.

La segunda renunciación nos exige no sólo que renunciemos a nuestros pensamientos, sino que también renunciemos al apego a nuestros pensamientos. Si yo me traslado a un ambiente nuevo externo y sigo apegada a todos los pensamientos de mi modo de vida anterior, entonces yo, como buscadora, no estoy actualizada en mi vocación. Pierdo los beneficios de mi compromiso con la vida religiosa o el matrimonio. En mi celda, debo aprender el silencio que se convierte en una perfecta calma, que me permite renunciar a la tiranía de los pensamientos.

Como mencioné antes, la teoría sobre los pensamientos postula que existe un orden sistemático en nuestros pensamientos, desde la comida hasta el sexo, las cosas, la ira, tristeza, acedia, vanagloria y orgullo. Pero psicológicamente, en la práctica, cada uno de nosotros debe tener siempre presente las enseñanzas del Abad Serapio (*Conf.* V.27) que nos dice que nuestras batallas no son peleadas en el mismo orden, pues los ataques no se nos presentan en la misma forma. Cada uno de nosotros tiene que luchar su batalla contra el pensamiento que más nos irrita, ya sea este pensamiento el primero, el tercero o el octavo pensamiento de la lista. Debemos ver lo que está al frente de nuestros ojos, como en un espejo y comenzar ahí.

¿Los monjes de la antigüedad, fueron capaces de elevarse más allá de sus pasiones? De acuerdo con Thomas Merton parece que las alabanzas que describían a los monjes como "seres que habían superado sus pasiones," se originaron con los turistas que viajaban brevemente por el desierto y que volvían a sus hogares a escribir libros sobre lo que habían visto, en vez de ser escritos por las personas que pasaban toda su vida en el desierto.[5] Los mismos monjes usaron esta misma lucha como su propio camino espiritual. Pero si parece ser que brotó en muchos de ellos un estado de calma. La meta era la oración, no era la liberación del trabajo que requiere el orar.

La tercera renunciación—después de haber renunciado a nuestro modo de vida anterior y luego de haber renunciado a nuestros pensamientos—es mucho más difícil que las dos primeras. Consiste en renunciar a nuestra propia idea de Dios. Como Dios está más allá de todas las imágenes, pensamientos y conceptos, tenemos que renunciar a nuestras creencias más preciadas para poder amar a Dios como Dios. La tercera renunciación es el fruto natural de años y años de oración y de meditación, y es un don de Dios. Si persistimos en la vida espiritual, experimentaremos períodos de oscuridad y de vacío interior, mientras nos independizamos de una piedad inmadura, hecha por nosotros mismos. Si practicamos *lectio divina* vamos naturalmente de imagen a imagen y finalmente nos sentimos "en casa" en la oración sin imagen, en la oración pura.[6] San Antonio dijo que la oración del monje no es perfecta hasta que él llegue al punto de no darse cuenta que está rezando.

La contemplación, que es la forma más profunda de oración, se describe como un fuego que quema sin consumir, atrayendo al alma a una absorción total en Dios. La contemplación es celebrada y narrada en la literatura fecunda de la tradición del desierto. Los *Institutos y Conferencias* de Juan Casiano son sólo una pequeña parte de esta literatura. Su catequesis sobre la oración es tan sobresaliente que las secciones dedicadas a los pensamientos están eclipsadas. Puede ser ésta una de las razones por las cuáles se ha prestado tan poca atención a la renunciación del medio, a la renunciación de los pensamientos.

La oración pura llega más allá de los pensamientos. Se renuncian todos los pensamientos. Prevalece la paz, la *apatheia* (estado sin pasiones) inunda el alma y la mente está en perfecta quietud. ¡Qué misterio!

Según nos vamos desapegando del ego, abandonamos los prejuicios de nuestra cultura y nos movemos hacia la oración pura. El ego es la voz de uno mismo. El pensamiento de uno mismo, es puro ego. No podemos proceder del primer paso, el abandono de nuestro modo de vida anterior y saltar a la oración pura, sin haber pasado por el ascetismo del medio (la práctica ascética) de abandonar los pensamientos. Debemos buscar a Dios, no a nuestros pensamientos. Si no hemos renunciado a nuestros pensamientos es fácil pensar que nuestros pensamientos son Dios. Dios está más allá de nuestro alcance, no es nuestro pensamiento siguiente y tampoco es un pensamiento. Es muy difícil pasar por las dos primeras renunciaciones, el abandonar nuestro modo de vida anterior y también el dejar pasar nuestros pensamientos internos. Estos son sólo unos pasos, aunque muy necesarios, para alcanzar la conversión más profunda hacia Dios como Dios y la experiencia de la oración pura (contemplación.)

En este libro veremos qué es lo que Juan Casiano nos aconseja sobre la segunda renunciación: tomaremos cada uno de los ocho pensamientos clásicos y estudiaremos las enseñanzas de esta temprana tradición cristiana. Los pensamientos, dice el monje, tienen importancia. El pensamiento de mayor importancia para los principiantes es el pensamiento "sobre la comida." ¿Por qué la experiencia universal sobre la comida no podría ser el origen de todas las enseñanzas en la vida espiritual?

Capítulo 2

Sobre la Comida

EL PRIMERO DE los ocho pensamientos tratados por Juan Casiano, es el pensamiento sobre la comida. El impulso de comer y beber es natural e instintivo. Al primer vislumbre, la comida es simplemente un pensamiento: "quisiera una tasa de te." Es casual que el pensamiento sea sobre la comida o la bebida.

Como expliqué anteriormente, uno de los primeros entrenamientos que recibe un novicio en su vida espiritual, es notar que tiene pensamientos y que la razón principal que este trabajo de la travesía espiritual es tan difícil, es porque rara vez nos damos cuenta de estos pensamientos. Los pensamientos forman parte de nuestro mundo interno. El viaje espiritual implica el trabajo interior, porque este trabajo interior, es lo que gobierna nuestra vida externa. Generalmente vivimos la vida bajo una nube irreflexiva, totalmente ignorantes de las incitaciones internas y de las sensibilidades de nuestros corazones.

El ayuno es una práctica magnífica que se debe adoptar cuando comenzamos a trabajar seriamente en la vida espiritual. Muchas personas tienen la idea errónea que el ayuno es el abstenerse de comer por mucho tiempo. Juan Casiano nos enseña que el ayuno, es simplemente poner la comida y los pensamientos sobre la comida en un balance correcto, comiendo solamente en horas determinadas y absteniéndonos de comer en las horas intermedias. Si ayunamos de esta forma, podemos estar en contacto con nuestros pensamientos, pues cuando nos damos cuenta de nuestras necesidades corporales de comer y beber, empezamos a notar nuestros pensamientos sobre la comida. Si tenemos la esperanza de continuar en el progreso de tranquilizar nuestra mente, sabemos que debemos abandonarlos sin tomarlos en cuenta, sin comer. Si todo lo que pensamos revuelve sobre nuestras necesidades corpóreas, entonces la oración consciente seguirá siendo una meta muy lejana. Si no podemos domesticar el pensamiento sobre la comida, no nos queda la más mínima esperanza de poder controlar los pensamientos más difíciles, como son los pensamientos del sexo y de la ira.

Primero, se me presenta una imagen de la comida, seguida inmediatamente después del deseo de comerla. Luego una pasión intensa surge a la superficie impulsándome a hacer lo que sea, con el motivo de obtener esa comida y esa bebida. El hambre se eleva con una fuerza doble. Ahora son sólo las 11.35 de la mañana y yo me estoy muriendo de hambre. A las 6 de la mañana he tomado café, jugo y he comido una tostada. Quisiera ir ahora mismo a la cocina para servirme un vaso de leche antes del almuerzo. Tal vez, debería tener una refrigeradora en mi cuarto. Esta sucesión de pensamientos (*logismois*) va de un deseo a otro y el ciclo se repite una y otra vez. Puede llegar a convertirse una obsesión que me alejaría de Dios, del prójimo y de mí misma.

De acuerdo con la descripción alegórica del Jardín del Edén, en el Libro del Génesis, la condición original de la Creación estaba en perfecto orden. En su estado de inocencia, los seres humanos disfrutaban de la presencia inmediata de Dios. Sin embargo, la narración de Adán y Eva nos muestra claramente la tendencia que tenemos de destruir esta inocencia, de alejarnos de Dios y de dedicarnos a los malos pensamientos y a las actividades erróneas. Las enseñanzas sobre la comida, nos muestran la forma de usar nuestros hábitos de comer y de beber como un servicio en nuestra búsqueda de Dios, y nos ayudan a restaurar el orden original del universo por medio de la vida espiritual de contemplación.

La primera enseñanza sobre la comida es darme cuenta de mis pensamientos y de la sucesión de pensamientos que me inspiran. "El pensamiento sobre la comida," se me volverá consciente mientras trate de seguir las enseñanzas directas y sanas, impartidas por Juan Casiano sobre la comida y la bebida: refrénate de comer demasiado, pero tampoco comas muy poco. Come a la hora designada. No comas antes o después de las horas de comida. Come la comida apropiada a la estación y a la zona geográfica donde vives. Mi menú debe consistir de alimentos que sean comunes, no delicados, tampoco debo escoger comidas que no son las adecuadas para mi salud. Debo preferir alimentos intermedios, balanceados.

Cuando la comida se convierte en mi pensamiento dominante, se vuelve el centro de mi vida interior. "Yo misma, hablándome a mí misma" se convierte en una conversación sobre mi deseo de comer y de beber. Siguiendo los principios de Casiano, ordenando mis deseos de comida y de bebida, pongo fin a la deliberación constante sobre lo que hay que comer, cuándo y qué cantidad. Pierdo el equilibrio cuando me inclino demasiado hacia una sóla dirección. "Los excesos se encuentran" dicen los monjes de la antigüedad (*Conf.* II.16). Es igualmente dañino el comer mucho o el comer poco. Los extremos nos indican muy sabiamente que nuestros pensamientos están fuera de control. Este primer pensamiento, el pensamiento sobre la comida, ayuda al practicante a tomar en cuenta el balance que debe existir al comer y al beber. Si puedo comer y beber moderadamente, entonces puedo también tener moderación con los otros pensamientos, los pensamientos sobre el sexo, las cosas, y la ira.

El control de mis pensamientos, de mis deseos y pasiones es por el bien de pensar con un sólo propósito, el de pensar en Dios. Con menos pensamientos dominando mi conciencia, eventualmente alcanzaré a experimentar una comunicación íntima con Dios. Nuevamente, el contenido del primero de los ocho pensamientos, la comida, no se limita sólo a la comida, sino a la práctica del uso del pensamiento de la comida como un instrumento de entrenamiento. Veremos en los próximos siete pensamientos, que el pensamiento en sí no tiene importancia. Lo que importa es cambiar su dirección hacia Dios. La práctica consiste en la renunciación de mis propios pensamientos, escuchar el pensamiento (a la larga la Palabra) de Dios. Esta renunciación es el primer paso en aprender a orar: el elevar mis pensamientos y mi mente a Dios.

El valor de la moderación es que los extremos no se convierten en otro pensamiento que con el tiempo sería más intruso que el pensamiento original sobre la comida. Si soy un comilón compulsivo, no tengo otro pensamiento en mi mente consciente más que el de la comida. Este modo de pensar compulsivo, nos arrastra a acciones compulsivas. No hay ninguna distancia entre el pensamiento, el deseo y la acción. Esto se invierte con el ayuno. Mis normas de pensamiento están frenadas por mis prácticas de ayuno, lo que significa alimentarme de acuerdo con un horario, comer lo que me han servido y no desear comida de calidad inapropiada.

¿Cómo sé cuál es el horario apropiado, cuál es la cantidad moderada de comida y de bebida y cuál es la calidad apropiada de los alimentos? La práctica de la vida virtuosa es la que nos enseña a discernir estas cosas.

Discernir significa examinar y clasificar mis pensamientos uno por uno. ¿Es ésta la hora apropiada para comer y beber? ¿Qué cantidad es suficiente? ¿Necesito, tal vez, mejor calidad de comida? ¿Qué clase de comida es la más sana para mí? Este discernimiento en la presencia de Dios nos conduce al ayuno, que a la larga, me otorgará los grandes beneficios de una vida espiritual sana.

Los pensamientos emergen de mi inconsciente sin ser solicitados. Nacen de un estímulo externo de mi mundo exterior, clamando por mi atención. Mi corazón desea tener opciones. El discernimiento es el arte de aprender cómo se puede elegir la alternativa correcta para mí en ese momento, en ese lugar y en esa etapa de mi vida. Después de varios años de practicar el discernir conscientemente, el cuerpo comienza a establecer preferencias por un horario bien ordenado de alimentación, que se acepta en una forma natural y fácil. La fuerza y la frecuencia de los impulsos disminuyen, la ecuanimidad llega. ¡Es posible tener paz!

No aborrecemos la comida, ni tampoco nos sentimos culpables o avergonzados de comer y beber. La comida llega a tener su lugar apropiado y con frecuencia se convierte en una oportunidad de festejo y celebración con los demás. Una taza solitaria de café en un amanecer, adquiere una dimensión sacramental. Para los contemplativos, la primera luz del alba tiene gran significado. Los pensamientos se deslizan por la mente lentamente, en forma deliberada, meditativamente y muy cerca del corazón. Al igual que los otros valores de la vida espiritual, la experiencia de tener un sólo pensamiento, se hace más agradable con más práctica. Cuando la mente está en calma, el olor, el sabor, el gusto de esa primera taza de café es muy especial y se saborea como por primera vez. ' Por medio del poder que se ha despertado en mi mente consciente, practico estar alerta en vez de estar dormida e inconsciente. Esta no es una práctica de estar consciente con uno mismo por el bien propio. Es una práctica de estar consciente con uno mismo por el bien de los demás. El ego al servicio del prójimo, es como un acto de adoración, fundamentalmente más importante que el ego absorto en sí mismo, ambicionando alimentar una sed insaciable.

La comida nos une con la cadena de la vida. Todas las formas vivientes necesitan ser alimentadas. El "orden original" de las cosas es amistoso, orgánico, correlativo, holístico y simple. El comer correctamente, balancea correctamente las energías. El trabajo y el descanso, el juego y el tiempo libre se vuelven armoniosos. De acuerdo con la tradición del desierto, para que el ayuno permanezca puro, se dona a los pobres lo que sobra de la comida. El vivir siempre consciente de los pobres, mantiene mis intenciones bajo control. Un estilo de vida bien ordenado de trabajo y oración es generalmente económicamente exitoso, pero los beneficios "mundanos" jamás deben estar al servicio del ego. De esta forma los pobres nos prestan servicios porque nos comunican a Cristo.

La gula es una norma de comer indiscriminadamente, sin

ningún pensamiento sobre la forma que la comida está alimentando mi vida espiritual. El comer y el beber pueden ser irreflexivos e inclusive groseros. La práctica espiritual de comer adecuadamente requiere atención y deliberación. Nos une con el resto de los seres vivientes y vivimos con todas las criaturas de Dios.

En vez de considerar mis comidas y alimentos como una austeridad episódica, cuando mantengo sólo los días prescritos de ayuno y de abstinencia, el ayuno moderado se convierte en mi modo de vida. Si tengo una conciencia constante de Cristo en el centro de mi vida, mi necesidad de comer adquiere un orden correcto. Existe la proporción. Cada uno de nosotros tiene lo suficiente.

La primera lucha con la comida y con la bebida, es un lugar maravilloso para que los principiantes comiencen, aunque todos nosotros somos principiantes. Se necesita toda una vida para desarrollar un patrón de disciplinas para nuestro estilo de vida. Cuando se aligera el dominio del pensamiento de la comida y de la bebida, otorga a la larga, la oportunidad para que se manifiesten otros niveles de conciencia. Esta es la razón por la cuál la adicción a la comida y la bebida es tan dañina a nuestra vida interior. El peregrino aprende a resistir los pensamientos, deseos y pasiones que sólo benefician a uno mismo. La meta final es amar a Dios y vivir ayudando al prójimo.

Las historias de la tradición del desierto están llenas de negligencia hacia nuestras propias necesidades, por el bien de la hospitalidad. Muchas veces nos dicen que tenemos que comer más de lo que deseamos con el único propósito de acompañar a otra persona, o que debemos comer menos, dependiendo de las circunstancias. La regla de la caridad, gobierna la buena voluntad de mantenernos desapegados de nuestras propias preferencias sobre cuándo comer, cuánto y qué calidad de comida nos servimos.

Es sorprendente el aprender cuán tarde en la antigüedad, San Antonio y los otros monásticos del desierto descubrieron el vínculo entre el ayuno y la meditación. Estas dos prácticas juntas, desarman las compulsiones. Los practicantes pierden sus inclinaciones hacia cualquier exceso. Basta lo que es suficiente.

Una vez que tenemos nuestra vida en orden, se presenta la tendencia a juzgar la cantidad correcta de lo que otra persona debe comer o beber. Nada me permite juzgar la cantidad que la otra persona se sirve. Todas las prácticas deben ser guiadas por la discreción, ya que para cada uno de nosotros existen distintas necesidades dependiendo en nuestra edad, salud y cantidad de trabajo. No es mi lugar el juzgar lo que es suficiente para otra persona. La práctica de la persona devota es no juzgar al prójimo, pero practicar para uno mismo una forma balanceada de comer y de beber, de acuerdo con las gracias que se reciben en el camino. Cuando comprendo la discreción como una virtud, sé los factores que estuvieron incluidos en mi decisión y se me hace aparente que nadie puede saber las variables de otra persona. El discernimiento es personal, es la práctica individual de juzgarse a sí mismo. El usar mal esta libertad es la tentación fundamental del prejuicio. Cada uno de nosotros necesita únicamente juzgarse a sí mismo, y jamás al prójimo. El Abad Teodoro, da estas palabras a sus discípulos: "Te juzgarán según tú juzgues. Es peligroso comportarse como Dios, el Juez. No tienes conocimiento de la razón por la cuál los otros hacen lo que hacen. Ellos podrían ser perdonados, pero nosotros habremos pecado" (*Inst.* V.30). Ningún monástico puede progresar en su castidad (o en ninguna de las otras virtudes) si continúa juzgando severamente al prójimo (*Conf.* XII.16).

En la sección sobre la comida, Juan Casiano continúa compartiendo la sabiduría del Abad Teodoro:

Conocíamos también al Abad Teodoro, un hombre dotado de gran santidad y conocimiento perfecto, no sólo en la vida práctica sino también en el entendimiento de las Escrituras, que adquirió, no tanto por medio del estudio y de la lectura, o de la educación mundana, sino por su pureza de corazón: él sólo podía entender y hablar muy pocas palabras del idioma griego. Este hombre, cuando buscaba la explicación a alguna pregunta supremamente difícil, oraba sin cesar, por siete días y siete noches hasta que descubría por medio de una revelación del Señor la solución a la pregunta propuesta (*Inst.* V.33).

Cuando alguno de sus hermanos se quedaban maravillados de la brillantez de su conocimiento y preguntaban a Teodoro algunos significados de la Escritura, él decía que el monje que quiere adquirir conocimiento de las Escrituras, no debe perder su tiempo en los trabajos de los comentadores, más bien debe mantener todos los esfuerzos de su mente y las intenciones de su corazón fijas en purificarse de los vicios. Cuando se expulsan los vicios, inmediatamente, como si el velo de las pasiones se hubiera removido, el ojo del corazón empezará, naturalmente, a fijar la mirada en los misterios de la Escritura: no fueron manifestados a nosotros por la gracia del Espíritu Santo para que permanezcan desconocidos y en la oscuridad (*Inst.* V.34).

Cuando ayuno, doy el primer paso hacia el discernimiento. El ayunar nos lleva a la moderación y empiezo a sentirme capaz de clasificar y controlar mis pensamientos. Cuanto más los controlo, me siento más capacitado para discernir las acciones correctas. Como resultado, con una mayor pureza de corazón, me siento más competente para comprender las Escrituras y entender mucho mejor sus significados dinámicos.

¿Existen enseñanzas sobre los alimentos dañinos?

Los primeros cristianos trataron de alejarse del texto literal de la ley, con respecto a la purificación de la mente, del corazón y del cuerpo. El padre trapense, Charles Cummings, compiló las referencias cristianas de la Escritura y de *La Regla de Benito* (RB), con respecto a la comida.[7]

Jesús ayunó en el desierto (Mt 4:2) y también comió y bebió en público (Mt 11:18–19). San Benito recomendó el ayuno de "la carne de los animales de cuatro patas" (RB 39); se hicieron excepciones para los débiles y enfermos. Se aceptaba el vino con renuencia, pero limitado bajo la regla de Benito (RB 40:3).

Las primeras enseñanzas nos narran en la Escritura que la

carne no era alimento para los humanos (Gn 1:29–30) porque todos los animales, incluyendo a los seres humanos, eran vegetarianos y vivían en perfecta armonía en un reino de paz (Is 11:69). Después del Pecado Original y del Diluvio, Dios permitió explícitamente el consumo de carne (Gn 9:3). El Nuevo Testamento hace hincapié en la libertad de la nueva alianza: sabemos que "todos los alimentos son limpios" (Rom 14:20) y que el "reino de Dios no es sobre la cuestión de comer o de beber, pero sí es sobre la justicia, la paz y el gozo que nos da el Espíritu Santo" (Rom 14:17). Si nuestra práctica de vegetarianismo resulta ser más sana, más simbólica o menos cara que el comer carne, estos no son beneficios que necesariamente nos acercan más a Dios. San Pablo dice, sobre una discusión de comer carne que fue previamente sacrificada a los ídolos y luego vendida en el mercado, "nada perdemos si no comemos, nada ganamos si comemos" (1 Cor 8:8).

Cummings recomienda que en vez de volver una competencia entre una práctica y la otra, más bien debemos seguir la directiva de San Pablo. Cimentó las dos prácticas, la de comer carne y la de no comer carne, en la obligación cristiana radical de honrar a Dios y de evitar ofender la conciencia del prójimo (1 Cor 8:13; Rom 14:20). Nos dice que el motivo benedictino de seguir un vegetarianismo parcial o total, se encuentra en el principio benedictino de glorificar a Dios en todas las cosas (RB 57; 1 Ped 4:11). "El que come lo hace para honrar al Señor y da gracias a Dios. El que no come se abstiene para honrar al Señor y también da gracias a Dios" (Rom 14:6).

Creo que es necesario que practiquemos nuestro propio cumplimiento del espíritu de la ley, estando conscientes de las necesidades del prójimo tanto como de las nuestras. La evidencia científica asciende hasta interpretar nuestras necesidades sobre la cantidad, calidad y origen de los alimentos que necesitamos y de los recursos necesarios para que éstos sean compartidos por todos los seres vivientes del planeta. La distribución proporcional de los recursos terrestres, se convertirá en un valor espiritual cuando cada uno de nosotros considere seriamente las necesidades del prójimo. No obstante, no debemos juzgar la interpretación del espíritu de la ley hecha por otros. El discernimiento es lo que gobierna nuestras prácticas.

¿Acaso no existen alimentos que deben ser eliminados de la dieta de la persona que busca con seriedad?

Conversando con las hermanas de noventa años con las que vivo, un día les pregunté sobre sus recuerdos de antaño sobre la comida, el ayuno y la celebración de las fiestas. Sus recuerdos nos muestran que los alimentos eran escasos y las comidas estaban hechas con productos de las fincas agrícolas regionales, que eran muy similares a los alimentos de otros inmigrantes alemanes del Sur de Indiana. Su disciplina consistía en entregarse a la voluntad de Dios, comer lo que era servido, en el horario establecido. Cuando eran monjas jóvenes, el ayuno severo era contraindicado, pues para hacerlo se necesitaba el permiso de la superiora. Con respecto a la comida, prevalecía la obediencia y la humildad. Antes del Vaticano II, el ayuno antes de la Santa Comunión y la abstinencia de carne los días viernes, eran observados en forma estricta, pero con el correr del tiempo, el espíritu de la ley se oscureció en la historia. Cuando esta ley fue abolida, la práctica desapareció. En los modos de vida post-modernos, la revolución holística ha reemplazado al ascetismo. Se substituyó el ayuno por la dieta.

Hoy en día, cuando se ayuna en mi monasterio, cada persona es responsable de observarlo. La mayoría de las monjas que conozco, observan un ayuno purificador en su día mensual del desierto, cuando dedican un día al silencio y a la oración. Durante el resto de los días se practican las tres moderaciones de la vida comunal: comer en el horario prescrito, comer "lo suficiente" y terminar lo que es servido. También se supone que todas participan en las fiestas. Tanto la preparación de la comida como la celebración de la misma, requieren mayor dedicación. Permanecer en la mesa común, es una disciplina particular. La hospitalidad es tanto el fruto, como la espina, que siempre nos atraen más allá de nuestra propia agenda. Las monjas mayores consistentemente demuestran el aplomo diario de estar siempre dispuestas a recibir, a dar la bienvenida y a disfrutar del pan de cada día.

Frecuentemente, las personas que meditan diariamente, pierden el deseo de comer carne, obteniendo su energía por medio de alimentos más ligeros, más bajos en la escala de los alimentos, indicando de esta forma, una relación entre el vegetarianismo y el ser un meditador serio. La vida contemplativa prospera con los alimentos menos complejos, como también prospera con la sencillez del pensamiento fijo en Dios. Se siente un bienestar más pleno en nuestro trabajo interior cuando nuestras energías no están ocupadas con una digestión pesada.

En la tradición hindú, la persona debe ser capacitada para practicar meditación. La calma falsa puede ser simplemente indolencia. Una parte del entrenamiento para la meditación es abstenerse de ciertos alimentos: la carne, el alcohol, ciertos vegetales como el ajo, los rábanos y las cebollas. Estos alimentos se consideran intrínsecamente dañinos para la vida interior. Mis amigos hindúes están muy conscientes de ciertas vibraciones que deben ser calmadas antes de la meditación. Si uno come la carne de un animal que ha sido matado violentamente, esas vibraciones afectan los alimentos que ingerimos. Un meditador también tiene que estar atento con la persona que cocina y que sirve los alimentos porque la actitud de esta persona entra a la comida. Los hindúes hablan de estar dispuestos a mover las energías letárgicas que están conectadas con las pasiones inferiores y cambiarlas por energías espirituales superiores.[8] Consiguen esto por medio del sacrificio. En su tradición, un guru auténtico a quién se le ha concedido el poder de revelar la verdad, puede simplemente mirar a un individuo y saber qué es lo que esta persona necesita para sus energías.

A los Cristianos del Oriente se les prohibía completamente comer alimentos procedentes de animales durante la Cuaresma. No sólo no podían comer carne ni pescado, pero tampoco podían comer huevos (provienen de las gallinas), leche (proviene de la vaca), y los demás productos lácteos. Con la excepción de la miel, la comida de Cuaresma se limitaba a los vegetales, cereales, hongos y aceites vegetales. En el Siglo XIX, los Rusos Ortodoxos,[9] todavía observaban el ayuno estrictamente.

Tal vez, como cristiana, debo renunciar a mi terquedad de forma que pueda tener la buena disposición de comer lo que me dan, en el horario prescrito, en el lugar apropiado y en la estación marcada. El ayuno me ayuda a conocer mis pensamientos, y me mantiene lo suficientemente dócil para escuchar la gracia que se mueve en mi corazón. La comida no debe dominar mi mente consciente; es sólo un instrumento en mi relación con Dios. Tampoco debe ser una barrera que me aparte de la quietud profunda y de mi disposición hacia la oración. El resultado de la vida contemplativa es el regocijo de comer cuidadosamente y con gratitud.

El segundo pensamiento es "sobre el sexo." En la vida espiritual, tenemos que enfrentar nuestros deseos más íntimos.

Capítulo 3

Sobre el Sexo

EL SEGUNDO PENSAMIENTO, sobre el sexo, generalmente no se refiere a las cualidades de la persona amada, sino a las necesidades emocionales y físicas que esta persona representa. Este deseo puede llevar a la lujuria. La enseñanza sobre el sexo sigue y es modelada sobre la enseñanza de la comida ya que la disciplina del ayuno y del silencio, que es lo que controla la tendencia hacia la gula, también provee un método para cambiar la dirección y disminuir el pensamiento seductivo del sexo.

El sexo es algo tan poderoso, que muchas veces la tradición recomienda medios indirectos para poder suavizar esta pasión, en vez de hacerle frente directamente. Generalmente, el acceso directo es ineficaz, debido a que el impulso sexual yace debajo de la mente consciente. Como medios para disminuir los estímulos sexuales, Casiano recomienda la práctica de la oración y del ayuno. Otra serie de medios indirectos es hacer ejercicio físico, mantenerse distanciado de la persona que es el objeto de la pasión, y trabajar con los sueños en vez de trabajar por intermedio de la conciencia ordinaria.

Las exigencias que el sexo nos impone producen una lucha que dura toda la vida, hasta para los santos más grandes. Hay muy poca información sobre aquellas personas que tienen el don de la ecuanimidad total relacionado con los pensamientos de sexo. Aunque con la ayuda de Dios, las pasiones aminoran y la mente se calma, no obstante, la tradición del desierto relata que inicialmente, la lucha personal para obtener ecuanimidad es sumamente difícil. Al principio el practicante esta "en entrenamiento." Necesita la letra y el espíritu de la ley para formar su conciencia. A veces esto puede tomar unas pocas semanas, otras, varios años. Una vez que Dios nos brinda el don de liberación de estas luchas, entramos en un período de calma y se siente el fruto de la castidad. Entonces, la persona casta está desnuda delante del Dios Creador y pertenece enteramente al Amado. ¿Se puede lograr hoy en día la castidad? ¿O pertenecen, tal vez, estas enseñanzas a una era anterior?

Vamos a estudiar las enseñanzas sobre el sexo encontradas en los *Institutos y Conferencias* de Casiano. Hay cierta dificultad en recobrar estas enseñanzas de Casiano, que hace siglos fueron dadas a monjes célibes del desierto. En esa época, Casiano escribía sólo para los monásticos. ¿Cómo pueden ser pertinentes sus enseñanzas sobre los pensamientos de sexo para los laicos? Terrence Kardong, O.S.B., y Columba Stewart, O.S.B., me han prevenido que las enseñanzas de Casiano incumben solamente a aquéllos que ya han aceptado las promesas monásticas. Según mi parecer, si los otros siete pensamientos han sido útiles para enseñar a las personas laicas, los pensamientos sobre el sexo, en alguna forma, también serán útiles.

Cuando estuve en la India, tuve un diálogo con amas de casa y con monásticos. Aprendí la forma holística de progresar hacia la santidad, por medio de los estados de renunciación que están profundamente arraigados en su cultura ancestral. Estas fases no son para ser hechas durante las series de vidas de aquéllos que creen en la reencarnación, más bien son directivas para las personas que desean llegar a la realización de Dios o a la Iluminación, durante la vida presente. Las cuatro etapas de la vida Indo-Aria son: primero, el estudiante; segundo, el ama de casa; tercero la persona jubilada o el ermitaño y cuarto, el monje o el asceta. En cada una de estas etapas la meta es moverse hacia el celibato con un esfuerzo consciente. Ciertas personas escogen ser monásticos por la duración de sus vidas, pero todos, casados o monásticos, están llamados a renunciar a este mundo y a moverse hacia el mundo espiritual. En pocas palabras: todos somos célibes alguna vez, sin tener en cuenta si somos monásticos o casados. La práctica llega en diferentes etapas durante la vida de cada persona.

Las religiones orientales usan la palabra 'celibato' para explicar esta práctica de renunciación durante tres o cuatro etapas en el ciclo de esta vida: (a) cuando se es un estudiante, (b) cuando uno se jubila o es un ermitaño y (c) cuando se es monástico o asceta. Las obligaciones sexuales son apropiadas y esperadas durante la segunda etapa de nuestras vidas: por ejemplo, cuando somos amas de casa. Según una fuente informativa:

> Los sabios tenían una memoria formidable que fue adquirida durante la práctica del celibato. El celibato no es otra cosa más que la conservación de energía. Los sabios de la India sabían que una persona que no perdía su energía en búsqueda sexual ilimitada, especialmente en actividades sexuales, podía incrementar notablemente su memoria, tanto como otras facultades mentales. (*Patanjala Yosagura,* Sadhanapada, Aphorism 38: "A raíz del establecimiento de la castidad, se gana energía.") Otros beneficios del celibato eran una mayor longevidad y *dharma shakti*—la habilidad de comprender los significados profundos de las Escrituras. Equipados con esta formidable memoria, los sabios podían memorizar las numerosas Verdades Védicas. Sus estudiantes, que también eran célibes, escucharon estas Verdades, las memorizaron y adaptaron sus vidas. Como estas Verdades se aprendían oyéndolas, y no por medio de la lectura, se llegaron a conocer como Shruti, palabra que literalmente significa oír.[10]

El uso de la palabra 'célibe' imparte la noción que las personas casadas son célibes con los demás, excepto con sus cónyuges. Antes y después de la etapa de ser amos y amas de casa, todos tienen la opción de cambiar su vida y su modo de vida hasta elevarse sobre la conciencia sexual por el bien de la vida espiritual. Se logra una vida totalmente célibe, sólo después de haber cumplido las metas sexuales. Bajo este punto de vista, el sexo está al servicio de una vida más sublime después de la que estamos viviendo. Se enseña la castidad como una práctica para mejorar la calidad de la meditación, donde las energías sutiles y espirituales se intensifican debido a que son sublimadas. No existe una actitud antisexual, ni tampoco existe una actitud asexual, pero el sexo es una etapa por la que se pasa y se sigue adelante. En un buen matrimonio, se llegan a estas metas de mutuo acuerdo y con un esfuerzo concertado de hacer lo que sea más compasivo para mejor relación del uno con el otro.

Existe el concepto erróneo que las prácticas Tántricas Budistas usan las energías sexuales en una forma normal de copulación, con el fin de excitar las energías más sutiles (Tantras Yogas Inigualables). De acuerdo con su Santidad, el Dalai Lama, siempre y cuando se efectúa este acto, existe un entrenamiento tan elevado que el hombre cuando está excitado sexualmente, no emite semen. Cuando hubo el intercambio de ideas en el Consejo de Diálogo Monástico Inter-religioso, el Dalai Lama recomendó total abstinencia sobre estas prácticas tántricas debido a que en nuestra época no existe el entrenamiento necesario.

Para evitar futura confusión usaré el término "casados" para los que mantienen un hogar y "célibe" para los monásticos. La meta para ambos grupos es trascender la conciencia sexual. Esto incluye trascender la conciencia del género, cosa que será muy útil durante la tercera renunciación que es cuando uno renuncia a su imagen de Dios.

Juan Casiano nos muestra que los pensamientos sobre el cuerpo de otra persona aparecen primero en nuestra imaginación. Muchas veces estos pensamientos nacen de experiencias pasadas, de un contacto reciente, de una imagen al azar, o al oír un relato sobre el encuentro de una persona con otra sexualmente atractiva. Es normal el tener fantasías sexuales. Juan Casiano explica, que las emisiones masculinas nocturnas acontecen normalmente una vez cada cuatro meses (*Conf.* XXII.23) o una vez cada dos meses (*Inst*. VI.20). Habla abiertamente sobre sueños que ocurren y recurren y que precipitan a uno a la excitación sexual (*Conf*. XII.7).

En este segmento, Juan Casino habla también, sobre la naturaleza importante del llamado, o de la vocación. Si hemos sido llamados de una vida de pecado, es posible que tengamos dudas muy grandes de que podamos perseverar. Lo que ha ocasionado que estemos de rodillas, tal vez no sea suficiente para mantenernos humillados por el resto de nuestras vidas. Tenemos pocas energías restantes de relaciones pasadas, ahora ya muertas, para generar y sostener un cambio a largo plazo. Tampoco es probable que la vergüenza y la culpa nos sostengan durante toda una vida de esfuerzo. Sin embargo, puede ser que hayamos experimentado una llamada mucho más fuerte que la que proveen la vergüenza y la culpa. Puede ser que hayamos oído una llamada interna a entregarlo todo. Esta es la llamada que escucharon los monásticos cuando oyeron la llamada al celibato (*Conf*. III.4).

Los padres monásticos de la antigüedad explicaban esta llamada en varias formas. Ellos enseñaban que si Cristo ha entrado en el alma de una persona y esa persona es una con el Cuerpo Místico de Cristo, el alma de su alma es el Espíritu Santo y la castidad es la disposición propia de su cuerpo, en el que mora Dios. Otra motivación para mantenerse célibe tiene que ver con el fin del mundo. Los padres de la antigüedad pensaban que la *parousia* (Segunda Venida) o el reino de Dios, era inminente, por lo tanto, los seres humanos debían vivir en el mundo como ángeles, permaneciendo de pie en un estado de admiración y reverencia, con una conciencia clara del cielo. Esta senda llama a uno desde las profundidades de su ser, para que camine hacia Dios solo, sin pareja. Sólo Dios es el que satisface nuestros deseos más profundos.

Hoy en día, la razón que hace más sentido para mantenerse célibe, es que la mente debe permanecer centrada, libre de las complejidades creadas cuando se es responsable de una esposa o esposo. Una mente enfocada encuentra a Dios no sólo en el cielo, sino también en esta vida. Las energías sexuales sublimadas estabilizan la mente.

La tradición del desierto nos enseña que para rezar sin cesar, la persona necesita dedicarse totalmente a la oración y vivir un modo de vida que apoye el trabajo dominante de la vida contemplativa: orar siempre. Como consecuencia, uno no se puede hacer cargo de las obligaciones de sostener una relación íntima con otra persona. Si estamos supuestos a vivir de acuerdo con las Escrituras, no podemos tener otro esposo o esposa. Si deseamos alcanzar pureza de corazón (estado sin pasiones), debemos sólo tener pensamientos de Dios en nuestro consciente. Para sentir a Dios directamente y volverse fuego (éxtasis) el cuerpo requiere todo su calor para orar. El sexo enfriaría sus energías.

La vida religiosa y matrimonial tienen mucho en común. Las hermanas que viven en mi comunidad no existen para satisfacer mis necesidades íntimas. Más bien, me ayudan a practicar mi dedicación total a Dios. El admitir esto, no quiere decir que no las quiero. Las quiero con un corazón puro. Si el vivir juntas tiene un propósito sano, es el de disminuir el ego. Las emociones menguan y se agitan. Si podemos tener conciencia de nuestros pensamientos y de la forma de controlarlos, podemos desmantelar nuestros egos corruptos y vivir con amor. Esta es la práctica del monasterio. También es el trabajo interrelacionado de un matrimonio. Nuestros egos tienen que aminorar para obtener bienes mayores. Esto se aplica si vivimos tanto en un hogar como en un monasterio. Aun así el aminorar el ego no es la meta de la vida espiritual. La meta es el amor.

Ningún ser humano existe para nuestro uso exclusivo. Las relaciones producen beneficios mutuos. Al mismo tiempo, también producen mucho más de lo que ofrecen a primera vista. El fruto del afecto bien ordenado, produce el vínculo que conocemos como "nosotros." Casiano pensaba que estas relaciones, estos "nosotros," deben ser considerados como compañeros de viaje, no simplemente como la meta.

Juan Casiano escribió un artículo en el que explica que sería muy útil que de vez en cuando, se exija a un monje que tome un día libre de su monasterio para reducir sus tensiones y le permitiera regresar de su viaje con el propósito de mejorar las relaciones dentro de la comunidad (*Conf.* XXII.2). Casiano hace hincapié en que este permiso de poderse ausentar ocasionalmente, no significa una expulsión, un castigo, o una técnica de aislamiento. No se niega al monje que participe de la eucaristía ni que participe en la mesa. La salida implica el retorno. Brinda al monje una oportunidad de aminorar sus pasiones a un nivel de menos intensidad compulsiva. Evagrio, el profesor de Casiano, da el siguiente consejo: La retirada en amor, purifica el corazón. La retirada en odio, lo agita.[11]

Tal vez, en lo que se refiere a las relaciones, la mejor forma para calmar las pasiones es mantener la distancia. Cuando nuestros pensamientos y deseos están fuera de control, un trabajo vigoroso en otro ambiente ayuda a las energías físicas a volver a su balance. Las personas casadas tienen que solucionar sus problemas por medio de palabras, pero puede ser que separándose físicamente por un día, se puedan prevenir palabras dañinas de las que se arrepentirán después. Cuando la persona está sufriendo los fuegos de las pasiones sexuales, algunas anécdotas aconsejan el mantenerse con los sacramentos y no dejar la Mesa Eucarística (*Inst.* VI.3).

Las personas célibes sienten una oleada definida de energía, un movimiento del corazón más allá de lo normal, hacia todo lo que incumbe el corazón. Los célibes explican este fenómeno como un amor apostólico, mucho más grande que su capacidad individual. Todas las personas que están sexualmente despiertas, sienten emociones sexuales. Ciertas personas son atraídas por otras personas y "se enamoran," tanto en el monasterio como en la casa. Pero, no es suficiente ser célibe. Todos estamos llamados a ser castos.

La castidad es la prerrogativa de la cámara interna del corazón. Una mente casta me facilita el observar mi "pensamiento sobre el sexo" en el primer momento y me refrena de codiciar el cuerpo del prójimo para satisfacer mis propias necesidades sexuales. La castidad me ayuda a estar siempre presente ante

Dios, en un total abandono. Cuando amo a Dios con todo mi corazón, con toda mi alma y con todo mi cuerpo, la castidad dirige mi forma de amar. La castidad tiene que ver con mi alma.

La continencia, el abstenerse de actividades sexuales, es la primera etapa del ascetismo sexual. Es un período inicial, que puede durar semanas, meses e inclusive años, sin contacto sexual. Esta etapa puede coincidir con circunstancias exteriores: la muerte del esposo o de la esposa, la separación matrimonial, enfermedades prolongadas o el proceso del parto. La continencia es el no tener relaciones sexuales por una razón u otra. Practicamos continencia por las circunstancias, pero no por falta de deseo.

El celibato monástico o el matrimonio es la opción que gobierna las otras alternativas en las relaciones íntimas. Es un punto intermedio entre continencia y castidad. Tiene que ver con nuestro comportamiento visible, basado en nuestras opciones en la vida. Es un modo de vida. Esta selección de vida monástica o de matrimonio, rige mi actividades de recreo, el lugar donde vivo, donde duermo, como también mis límites sociales. A pesar que se escoge (o no se escoge) el modo de vida durante la adolescencia, esta opción debe ser reafirmada una y otra vez. Dos reglas importantes gobiernan estas opciones: Evito ir a lugares que me evocan deseos sexuales que no son apropiados para el tipo de vida que escogí y evito relaciones que son igualmente peligrosas. Por ejemplo, si soy monja, pongo fin inmediatamente a cualquier relación que potencialmente me expondría a la práctica física del convenio matrimonial. Si estoy casada, refreno cualquier otra relación sexual fuera de la vida matrimonial, como contraria a los votos de mi matrimonio.

La castidad dirige mis pensamientos más íntimos: se presenta el pensamiento sobre el sexo y se estrella contra la roca de Cristo. Cuando escojo ser casta, dejo a un lado todos mis pensamientos sexuales inapropiados. La disciplina interna de la castidad no me permite tener pensamientos sobre el sexo. Esta disciplina controla mis pensamientos y deseos sexuales que emanan de estímulos externos. En forma muy importante, controla también, los que nacen en mi mente inconsciente. Lo hace rehusando distraerse con la sucesión de los pensamientos que excitan mis pasiones sexuales. Observo mis pensamientos, la corriente de mi consciente y elijo dejarlos pasar si veo que son incompatibles con mis promesas.

¿No da esto una impresión peligrosamente cercana a la represión sexual como si ésta fuera mala? Igual que la comida, el sexo es bueno pero debe ser bien ordenado para mantener una vida santa y balanceada.

Las prácticas adecuadas para controlar "los pensamientos sobre el sexo" incluyen el mantenerse distante de las relaciones y ambientes que estimulan el sexo, pensamientos sexuales, deseos o pasiones que no son apropiadas para mi vocación. Es necesario dar un paseo vigoroso que me aleje de la tentación. Tengo que estar siempre atenta a mis pensamientos. Es muy importante observar mis pensamientos en cuanto me doy cuenta que se presentan, vislumbrado las zonas sutiles de placeres sexuales. Un pensamiento sin la compañía de otro, desaparece. El pensamiento retorna, una y otra vez, pero si no lo aliento, disminuye.

La práctica de la guarda del corazón, ayuda a compensar el impacto de las necesidades sexuales. El corazón es el santuario donde vive Dios. El compartir el corazón es una acción profunda y personal. Se siente el sexo en forma profunda, pero es una ilusión. Nuestra unión con Dios es aun más profunda y más fuerte que el sexo. Todas las emociones surgen y se pueden sostener por más o menos cinco minutos. Después decrece su intensidad. Una práctica que las aquieta y tranquiliza es tomar un vaso de agua, dar paseos vigorosos o decir internamente el nombre de Dios. Sin tener en consideración qué método se usa, la práctica consiste en darse cuenta del primer índice de deseo e inmediatamente sacarlo de nuestra conciencia, dejando de lado el pensamiento o repitiendo una oración corta.

La mayoría de los impulsos sexuales comienzan con pensamientos sanos, aun no discernidos, que tienen que ver con la bondad, belleza o veracidad de alguna persona extremadamente atractiva. Después, siguen los comentarios sobre que maravilloso es estar enamorado, como si la experiencia de amar a otra persona me ayudara a crecer. Si esta atracción no es para mí, el amor discernido la sigue. Si la atracción no me es beneficiosa, tengo que dejar de lado el pensamiento. Para custodiar mi corazón tengo que hacer una cita interna conmigo misma. Mi atracción secreta hacia otra persona es revelada y mi corazón se pone "en guardia." Cuanto más pronto se encuentra este pensamiento en la pantalla de nuestra conciencia, menos se tarda en volver a tener control.

El auto-engaño abunda. La práctica de divulgar nuestros pensamientos más íntimos a otra persona, es muy útil. Es una práctica muy buena para evitar la decepción, pero nunca se debe hacer usando el objeto de nuestras fantasías, el posible amante. Es preferible divulgarlos a un anciano sabio. Las emociones en carne viva se suavizan por medio de una humilde admisión. Los antiguos monásticos practicaban la manifestación de sus pensamientos (*exagoreusis*), divulgándolos a otro (*Conf.* II.10). La práctica es simple. El monje presentaba sus pensamientos internos a su abad en un foro externo. Sin análisis. Sin cuentos. Sencillamente manifestando sus pensamientos en un lugar seguro y sagrado: "Lanza tu pensamiento contra la roca." El abad o el anciano escuchaban con un corazón discerniente.

El Abad Moisés nos previene que no debemos confiar en un anciano sólo por su edad o porque tiene canas: Al igual que todos los hombres jóvenes no tienen el mismo fervor espiritual, ni están instruidos en conocimientos y en buena moral, de la misma forma, no podemos confiar en que todos los ancianos sean equitativamente perfectos y sobresalientes. Las riquezas verdaderas de los ancianos no se miden por los cabellos canos pero por la diligencia de su juventud y los frutos de sus obras anteriores (*Conf.* II.13).

Casiano nos narra lo que es un buen consejero. Cuando alguien nos recomienda a un anciano, este debe ser reconocido por los frutos que cosechó durante toda su vida. ¿Ha luchado este consejero contra las aflicciones y los pensamientos y ha logrado tranquilizar su mente? ¿Puede leer los corazones? ¿Puede este consejero penetrar los corazones ajenos y no tener preocupación consigo mismo?

Hoy en día, hay muy pocos ancianos. ¿Qué podemos hacer? Casiano nos cuenta sobre una pregunta similar hecha al Abad Moisés (*Conf.* II.10). Su respuesta fue que hace mucho bien al discípulo divulgar sus pensamientos sin hacerle mella el mérito del anciano. De esta forma el discípulo practica la humildad. El monje no debe necesariamente de imitar la vida del anciano. Hoy en día podemos admitir que tal vez no tenemos maestros calificados, pero sí tenemos la enseñanza.

¿Qué sucede si las enseñanzas de los ancianos nos confunden? Por ejemplo: ¿Cuál es el pensamiento fundamental sobre la masturbación? ¿El exonerar la tensión sexual, nos lleva a una vida psicológica más sana? Este es un tema muy delicado que merece la mayor discreción. De acuerdo con el espíritu de las enseñanzas sobre la segunda renunciación, el auto-sexo debe ser evitado. La excitación sexual es natural y simplemente sucede. El auto-estimularse contradice la práctica de reconocer los pensamientos y de abandonarlos. La castidad requiere esta disciplina. El don normal y natural de la gracia anticipa el movimiento de la continencia hacia el celibato y finalmente hacia la castidad, hacia la conciencia viva de Dios.

Muchas historias que nos han legado de la antigüedad, tienen un giro cómico y una frase clave dirigida al monje de menor categoría. Había una vez un monje que fue donde su superior para que le aconsejara sobre sus pasiones sexuales. El anciano se puso furiosísimo con el monje y le dijo que no se deben tolerar esos pensamientos. El monje se desalentó y sintió que no podía mantenerse fiel a sus votos. Huyó del monasterio. Pronto, el anciano fue afligido con continuas excitaciones sexuales. El anciano fue donde el Abad Moisés para preguntarle qué podía hacer. El Abad Moisés le aconsejó que ame a los monjes jóvenes y que les tenga empatía. De inmediato el anciano vio su hipocresía y su aflicción aminoró (*Conf.* II.13).

Los abbas y las ammas siempre son elogiados por su comprensión compasiva sobre la dificultad de mantenerse puros de cuerpo, de mente y de espíritu. Los padres y las madres del desierto, mantenían que no existen pecados imperdonables y que, por lo tanto, existe solidaridad en la lucha porque hasta el último aliento nadie está libre de este conflicto. La energía sexual que está madura para aparearse y para procrear, engendra hijos e hijas que sienten el amor de sus padres y madres espirituales.

El Abad Moisés (*Conf.* II.10) recomienda la práctica, arriba mencionada, llamada "la manifestación de los pensamientos." La humildad es la que asegura la verdadera discreción. La presentación de los pensamientos al anciano demuestra la buena voluntad de ser abierto, de cambiar y de seguir la voluntad de Dios. El anciano da una "palabra" de salvación. Los 2.000 proverbios de los abbas y las ammas del desierto se encuentran en la literatura de *Apophthegmata Patrum* o *Los Proverbios de los Padres del Desierto*.[12] La palabra del abba o de la amma estaba destinada a llegar al corazón y liberar el ciclo de los pensamientos que mantiene estancado al buscador. El anciano que ya ha dominado los pensamientos, podía "leer los corazones," y sabía de antemano, la palabra o las palabras que penetrarían al lugar exacto del nivel de la conciencia que estaba afectado. De esta forma el buscador practicaba, con toda humildad, la manifestación de los pensamientos. El anciano practicaba discernimiento, mediando la palabra de Dios para la persona afligida.

Otra práctica de cómo controlar los pensamientos sobre el sexo, era la de elevar una oración interna en vez de seguir entreteniendo estos pensamientos. Casiano nos presenta su oración preferida, "Oh Dios, ven a ayudarme." El enseña al practicante a usar esta pequeña oración, durante todo el día y en todos los momentos de la vida en los que necesitamos la ayuda de Dios (*Conf.* X.10). La tradición de "rezar sin cesar" es muy beneficiosa para aquél que quiere llegar a ser casto en su búsqueda de unión con Dios. El propósito de la vida espiritual es la unión con Dios. La oración recitada con más frecuencia, la Oración de Jesús, dicha continuamente, nace de este impulso y llega a ser tan natural como el respirar. La espiritualidad Cristiana del Oriente es la que mantiene viva esta tradición. "Señor, Jesucristo, Hijo de Dios, ten piedad de mí, pecador."

Casiano aprendió de su maestro, Evagrio, a prestar cuidadosa atención a los sueños que contienen imágenes (*Conf.* XXII.3f). Los sueños revelan una actividad inconsciente, en su mayor parte, respuestas represivas a ciertas situaciones de la vida. Observando los sueños, anticipamos los conflictos que se pueden presentar en nuestro consciente. Alguna veces los sueños nos señalan relaciones conflictivas que tuvimos en el pasado y que aún siguen sin solución.

Referente a los sueños, la dirección espiritual tiene cuatro directivas: la primera directiva es rezar justamente antes de dormir. La segunda es practicar periódicamente vigilias nocturnas, por ejemplo, sentir la noche y rezar durante la tentación con un ritmo periódico para disipar los desafíos de la noche y de la oscuridad, vigilando nuestros pensamientos. En *La Filokalia*[13] la vigilia es definida como un estado opuesto al estupor alcohólico, de tal forma que se siente la sobriedad y la agudeza mental. El mantenerse alerta significa una actitud de atención sobre los pensamientos y fantasías internos, manteniendo la guarda del corazón y del intelecto.

La tercera directiva es ayunar y tranquilizar el espíritu, levantándonos temprano y dedicándonos de nuevo a la oración. La cuarta directiva y la última, es reducir cualquier comportamiento compulsivo tal como comer y beber demasiado, cosa que pueda encontrarnos descuidados.

Las enseñanzas arriba mencionadas fueron articuladas por Juan Casiano. Se puede extrapolar otras enseñanzas sobre esta sabiduría fundamental.

Hace bien a mi vida espiritual el tener el tema sexual consolidado: ¿Debería ser un monje o una monja con votos célibes o uno de los cónyuges en el matrimonio, célibe excepto para mi amado o amada? ¿O estoy llamada a ser una practicante soltera o una practicante laica, sin compañero, pero que me siento muy cómoda conmigo misma, sin tener que cortejar a un nuevo amante a cada momento?

Es un asunto muy importante en nuestra época el hacer frente a nuestras orientaciones ya sean heterosexuales u homosexuales. Esto se puede discernir haciendo frente honestamente al objeto íntimo de nuestras fantasías, ya sea este objeto una persona del sexo opuesto o del mismo sexo. De la misma forma que los pensamientos sobre la comida, mis pensamientos interiores sobre la intimidad sexual pueden dominar la totalidad de mi conciencia. Estos pensamientos me paralizan en un pensar sin fin. No sólo no puedo amar a Dios con toda mi mente, con todo mi cuerpo y con toda mi alma, no puedo amar a nadie más. Mis pensamientos vuelven a mí misma una y otra vez. El circuito no llega a ninguna parte y encierra al ego en mí misma. Si busco un consorte en cada persona que pasa por mi puerta, o si estoy preocupada si mis necesidades sexuales pueden ser satisfechas, la conciencia espiritual se oscurece. La vida interior consiste en la unión con Dios y en el servicio al prójimo. Las necesidades sexuales me retiran hacia atrás, llevándome a la auto-reflexión. El ego ha sido servido, mi "falso yo" mantiene el dominio y estamos ocupados trabajando nuevamente para nuestro propio provecho. Finalmente, este tipo de agenda interior no es adecuada para la vida espiritual. Nuestro falso yo se siente nuevamente apoyado. El sexo es bueno, pero tal como la comida, me puede consumir, en vez de alimentar mi cuerpo, mi mente y mi alma.

En breve, la vida interior puede estar consumida en la búsqueda de un consorte en vez de buscar a Dios como Dios. Recuerden las tres renunciaciones: primero, renuncio a mi vida anterior; segundo, renuncio a mis pensamientos interiores; y tercero, renuncio inclusive a la imagen de Dios para poder encontrar a Dios como es Dios. Si estoy tratando de arreglar mi agenda sexual, me eluden los beneficios de estas tres renunciaciones. Inclusive la conciencia del género debe ser superada para beneficiar la vida espiritual con Dios, que no es ni femenino ni masculino.

Unas cuantas palabras sobre los grupos. En la travesía espiritual los grupos son mediadores de Dios. Teniendo en cuenta que es muy difícil el conocernos a nosotros mismos, es mucho más complejo conocer a un grupo. En la práctica de la manifestación de los pensamientos, el mismo consejo es válido tanto para un grupo, como para un individuo. El puro hecho de presentar nuestros pensamientos a un grupo, es una práctica de humildad. Dependiendo de cuán iluminado o instruido es un grupo, se debe siempre mantener cautela sobre "la palabra de salvación." Los procesos de grupo dirigidos hacia la primera renunciación de abandonar nuestra vida previa de alcoholismo o de adicción a las drogas, dan resultados magníficos preparando al peregrino para el viaje espiritual. De la misma forma que el abuso físico, emocional o mental de un individuo tiene que evitarse, también se debe huir de los abusos de los grupos. Los cultos son grupos secretos, cerrados. Los secretos nos proveen un aviso que indica que el grupo tiene algo que esconder. Otro indicio que demuestra que el grupo no funciona en la forma correcta, es si el líder necesita adulación o exige alguna otra forma de vínculos especiales como precio para ser miembro. El discernimiento es esencial. En la segunda renunciación, la práctica es abiertamente espiritual. Es el entrenamiento de la mente para alcanzar la unión con Dios.

La meditación es una práctica esencial en el control de los pensamientos sexuales. Es por medio de la meditación que trabajamos en nuestras motivaciones inconscientes y en nuestras compulsiones, penetrando a más y más profundidad con la práctica constante. Pero no podemos meditar hasta tener respuestas sobre las preguntas fundamentales de modos de vida. Tiene mucha importancia en la práctica si dormimos sólos o con nuestro consorte (física o psicológicamente). Si soy un principiante, mis alrededores tienen mucha importancia para ayudarme a conocer mis pensamientos. Mi cuarto de dormir tiene que estar en orden si quiero practicar la manifestación de pensamientos, orar sin cesar, meditar, o *lectio*. Para entonces mis deseos, jamás silenciosos, por lo menos están en orden. Mi cuerpo está donde practico. Las pasiones se tranquilizan ahí. Teniendo siempre presente en mi mente que mis deseos íntimos morirán con mi último aliento, tengo confianza que por medio de la práctica, mi cuerpo, mente y alma puedan tener paz en el curso de esta vida.

¿Es esta enseñanza muy elevada? El caos de nuestros días nos da los resultados de inatención hacia nuestros pensamientos sobre el sexo. Todas las tradiciones de las religiones principales y organizadas, tienen enseñanzas sobre los pensamientos. Los pensamientos son de mucha importancia en la travesía espiritual. La práctica de toda una vida de controlar nuestros pensamientos, nos enseña que el respeto y el amor verdadero son posibles y que verdaderamente son inevitables para personas espiritualmente vivas. Lo que resisto es el poder dominante de mi hambre, de mis deseos, de mis impulsos e instintos.

¿Qué sucede si resuelvo intensificar mis deseos sexuales para tener más energía y gozo en la vida? La castidad ofrece la forma de hacerlo. Es una invitación a ser uno consigo mismo, con el prójimo y especialmente con Dios. En lo más profundo de mi alma, tengo que moverme contra mi propia naturaleza malherida y contra mi ego, y dirigirme hacia mi auténtico yo, que es la verdad dentro de mí. Doy una mano de ayuda al prójimo y amo a los demás con una honestidad mutua. Esta clase de amor nos impulsa a que todo nuestro ser se vuelva hacia el Dios que nos amó primero. Hay que observar que el motivo de la castidad no es la frigidez ni el miedo al sexo, pero es la dedicación total de mis energías a amar a Dios con todo mi cuerpo, mi mente y mi alma. El fruto de esto es el servicio apostólico abnegado.

Repasando, sabemos que la continencia significa no practicar el sexo. El celibato es una promesa monástica y el matrimonio es una promesa de unión sexual solamente con un solo consorte. La castidad es tener pensamientos puros. Nadie es el objeto de mis necesidades íntimas. Todos mis pensamientos deben de ser dirigidos hacia el deseo de mi corazón, que es el encontrar a Dios. De esta energía libre y sin trabas, fluye un amor verdadero y una gran pasión de hacer todo por el Amado. Se integran las energías sexuales renovadas en un estado de conciencia mental más elevado. El cuerpo coopera fácilmente con un vigor, entusiasmo y devoción apasionada. Para el casado, el amor sexual abundaría. Si soy soltera, la energía se sublima en un servicio desinteresado y generoso hacia el prójimo y en una devoción a Dios mediada por la comunidad.

Juan Casiano no tiene un método específico para tratar con la energía kundalini. En ciertas tradiciones se conoce a esta energía como un intento a dirigir las energías sexuales hacia la conciencia religiosa. Yo creo que la preferencia cristiana es la de sublimar las energías sexuales por medio de un modo de vida de moderación. El celibato que nos lleva a la castidad es la práctica sexual que hace funcionar todas las energías sexuales hacia el misticismo. Este movimiento es muy parecido a la prescripción del Dalai Lama para los monásticos budistas tibetanos contemporáneos, como también lo son las enseñanzas de la Sociedad Ramakrishna en el Hinduismo. Las *Sutras Pantanjali Yogas* dicen:

> Cuando se toma la resolución de mantenerse abstemio de la incontinencia, la persona adquiere energía espiritual. La actividad sexual y los pensamientos o fantasías sexuales consumen una gran cantidad de nuestra energía vital. Cuando se conserva esta fuerza por medio de la abstinencia, se sublima como energía espiritual. Esta energía es indispensable para un maestro espiritual. Es el poder por medio del cual transmite conocimiento infuso a sus alumnos. No se "enseña" una religión verdadera de la misma forma como se enseña historia o matemáticas. Es transmitida como la luz o el calor.[14]

Algunas prácticas espirituales del yoga tántrico utilizan las energías sexuales en forma sistemática. Hoy en día, esta práctica es peligrosa por la simple razón que no hay suficientes maestros con poderes espirituales necesarios para dirigir estas inmensas energías. No obstante, el efecto sobre la energía es el mismo, si se practica la meditación en forma constante, persistente y durante toda la vida. Normalmente, si se presenta la energía kundalini, es un indicio que la persona no ha tenido entrenamiento suficiente. Es preferible que esta energía surja lentamente, en forma natural y que sea parte de la práctica del amor apostólico. Cuando esto sucede, la energía se dirige hacia el exterior y no hacia uno mismo.

En el *Instituto IV*, Casiano describe al discípulo que ha sublimado sus energías sexuales. La condición que se produce al abstenerse de actos sexuales, explica Casiano, tiene aún más beneficios que el tener una vida sexual. En todos estos temas, la mente adquiere una pureza sutil y sentirá un aumento en su devoción que es muy difícil de describir o narrar. De la misma forma que la persona que jamás tuvo la oportunidad de experimentar este gozo no se lo puede imaginar, tampoco lo puede narrar cuando lo experimenta. Cuando se trata de explicar la dulzura de la miel a una persona que jamás la probó, le será imposible conocer por medio del oído lo que su boca nunca paladeó. Igualmente, los que experimentaron el gozo del sabor de la dulzura de la miel sólo se pueden maravillar a sí mismos. De este modo, una persona con su mente tranquila puede ser inflamada con las palabras del salmista: "Maravillosas son tus labores y mi alma se regocija al conocerlas" (Sal. 138:14). Casiano relata la infusión celestial de gozo espiritual que aviva a un espíritu desalentado hasta alcanzar una alegría inspirada: esos éxtasis ardientes del corazón y las inefables y jamás oídas consolaciones de gozo, por las cuáles a veces despertamos de un estupor inerte y estúpido a una ferviente plegaria, como de un sueño profundo (*Conf.* XII.12).

La castidad es la labor del corazón. Uno de los frutos de la vida casta es la inocencia. Mi alma está abierta y mi corazón no está dividido. No hay secretos ni deseos internos que tenga que ocultarlos de Dios o de mi director espiritual. No existe en mí ninguna duplicidad. Estoy desnuda delante de mí misma, delante de Dios (delante de mi consorte, si estoy casado/a) y lo que los demás ven, es lo que verdaderamente es. El corazón está en paz. El fruto de la vida casta es el buscar a Dios en este momento, en este lugar, porque todo mi ser está totalmente presente. El estar consciente nos conduce al conocimiento intuitivo y a la energía creativa.

El pensamiento "sobre el sexo" es, con frecuencia, un tema que dura toda la vida. El próximo pensamiento que se debe de considerar seriamente en la peregrinación espiritual es el pensamiento "sobre las cosas." Juan Casiano tiene una sección amplia sobre el uso apropiado de las cosas. Sus enseñanzas son sorprendentemente benevolentes.

Capítulo 4

Sobre las Cosas

DESDE UN PUNTO DE VISTA ESPIRITUAL, es una ilusión el creer que somos dueños de las cosas. Lo máximo que podemos hacer es usarlas. Sin embargo, deseamos, adquirimos, usamos y aseguramos más y más cosas. La adquisición de cosas tiende a alimentar el fuego del deseo de seguir obteniendo más cosas en el futuro. Las cosas son más seductivas que el sexo. Las cosas generan más cosas. Los pensamientos "sobre cosas" se filtran en nuestra mente consciente, imagen tras imagen, hasta que de pronto, nos encontramos abrumados por el deseo de poseer. La actitud espiritual apropiada es revertir esta inclinación a poseer. Simultáneamente, todos necesitamos cosas, las usamos, damos y recibimos cosas para nuestro uso propio o para nuestro propio beneficio.

La enseñanza sobre la cosas no se refiere solamente a las cosas en sí mismas. Principalmente, nos señala nuestro apego personal a las cosas. El creer que somos dueños de alguna cosa es una ilusión, de forma que al usar alguna cosa, debemos hacerlo con el permiso del Creador. Cuido las cosas porque estos objetos son regalos que me han sido prestados, no porque son míos o porque me pertenecen. La práctica "sobre las cosas" consiste en desprenderse de ellas y usarlas sabiamente. La motivación que está detrás de la práctica que mana de una adoración profunda a Dios, Creador del Cielo y de la Tierra y Creador de todos los seres vivientes, incluyendo a la humanidad, consiste en usar las cosas con respeto y reverencia en lugar de poseerlas. La Creación es un regalo de Dios hacia todas las criaturas para su propio uso.

Las enseñanzas de Juan Casiano son claras e instructivas. Originalmente se dieron para los monjes acerca de su vida monástica. Ahora se aplican a todos los que deseen practicarlas. El mito de la Creación se representa en forma abreviada en el monasterio: el monje y el abad recrean los papeles de la criatura y del Creador, respectivamente. El monje promete renunciar a "los caminos del mundo" y retornar a Dios, invirtiendo el mito del Jardín del Edén y reorganizando su vida en forma total con el fin de buscar a Dios. La narración del Génesis sobre la Creación y la Caída detalla la desobediencia del hombre, deseando ser la imagen de Dios. Inicialmente el hombre vivía en la casa de Dios. Después de la Caída se convierte en un desamparado, vagando por la tierra, deseando sólo el retornar a su hogar. El monasterio simboliza una segunda oportunidad de poder vivir una vida ordenada en unión con Dios.

Una indicación de este retorno al hogar era el rito de bienvenida cuando el monje se viste con ropa nueva y le confieren el hábito monástico. Durante el siglo IV se conocía plenamente el crecimiento exponencial del deseo de poseer cosas, y se practicaba la renunciación total. Un monje recibía todo lo que él necesitaba del monasterio. Ninguno de ellos tenía nada propio pero todo estaba a su disposición para su uso. Renunciaba totalmente a su vida anterior. Donaba su ropa vieja y todas sus demás pertenencias a los pobres o al mismo monasterio.

Los monjes consideraban que la propiedad privada era la raíz de todo mal. Una vez comenzada, era muy difícil de erradicar. El acumular objetos es una conducta aprendida, no es un instinto natural. Si la adquisición de objetos es algo aprendido, se puede desaprender. Puedo evitar la acumulación de cosas pero es muy difícil hacerlo una vez que he comenzado a adquirirlas, pues simplemente he adquirido el gusto de acumularlas. Son pocos los lugares donde uno puede parar—una cosa conduce a la otra.

Los monásticos sabían que la avaricia, el amor al dinero, aunque el dinero fuera muy poco, podía entibiar el alma.

El propósito básico de su práctica "sobre las cosas" era el ordenarlas en su vida hacia el deseo de seguir buscando a Dios. Casiano nos brinda una descripción maravillosa sobre un monje enfermo de avaricia, describiendo su avaricia de la siguiente manera:[15]

La sucesión de pensamientos comienza de esta forma.... "No es suficiente para mí lo que hay en el monasterio. Difícilmente me alcanza lo poco que me dan...si mi deseo es mantener una mente clara y un cuerpo sano. *La sucesión de pensamientos continúa de esta forma....* ¿Qué pasa si mi salud deteriora? Son descuidados con sus enfermos. No nos dan suficiente ropa. Si tengo que ver a un médico necesitaré medios y formas de poder viajar. Una persona como lo soy yo, no puede ser mantenido sin dignidad, como los pobres. *"De esta forma se confunde a sí mismo con los siguiente pensamientos....* ¿Cómo puedo obtener más dinero?

Los pequeños deseos crecen y aumentan:
"Deseo esto para mi seguridad."
"Deseo duplicar mi dinero"
"Deseo asegurar mi capital."
"Deseo tener dinero para no tener que trabajar con mis manos."
"Deseo no compartir para poder mantener en secreto mi acumulación de cosas."
"Debo trabajar más arduamente para poder obtener más y más cosas."
"Me enojaré si algo o alguien interfiere en mis planes."
"Necesito proseguir de tal forma que todo lo que hago esté asegurado rápida y fácilmente y de acuerdo a mi completa satisfacción."
"Puedo guardar todo esto en secreto. Nadie tiene que enterarse. Puedo cubrir la evidencia muy bien, de tal forma que todos crean que vivo de acuerdo a la vida monástica comunal. Es más, algunas de mis cosas las obtendré de la tienda monástica comunal y las demás las obtendré de mis propias provisiones."

"No guardaré nada para los pobres. Necesito de todos mis bienes para instalarme. Después, donaré a los pobres"

"Quisiera volver a tener las cosas que tenía antes de ingresar al monasterio."

"Quisiera tener más contactos con gente rica. Veo la necesidad de tener que viajar más para estar mejor relacionado"

"He perdido mis mejores años en el monasterio cuando hubiera podido hacerme rico y famoso. ¿Por qué fui tan estúpido?"

¿Podría tal vez hacer trabajos especiales o extras para obtener más dinero (sin el conocimiento del Abad)? ¿Cómo puedo duplicar mis inversiones? ¿Dónde las puedo depositar? ¿A quién se las puedo confiar? Si todo sale bien, mi dinero podría ser invertido en mejores negocios. Ninguna cantidad de trabajo es suficiente para cuidar mis cosas y mi dinero. Cuando me jubile, necesitaré este montón de dinero, inclusive esto no es suficiente para tener seguridad. Necesitaré abandonar el monasterio para poder conseguir más dinero."

Resultados: El que se deja llevar por la avaricia, ha mentido, ha mantenido secretos del Abad, ha roto su promesa de renunciación total, ha dado rienda suelta a sus pasiones e inclusive ha tenido pensamientos de robo. No se observa ningún escrúpulo de humildad. "Merezco todo esto."

Mientras tanto, las ansias de acumular riquezas y la codicia de las ganancias, se han convertido en un dios, de la misma forma que la glotonería es un dios para otros. En lugar de rendir culto a Dios, adora ídolos. Omitiendo la imagen de Dios en lo profundo de su alma, este monje idolatra la imagen de un emperador mundano cuya efigie está acuñada en las monedas. Resuelve amar y cuidar las cosas y no a Dios. Esta dirección descendiente eclipsa la humildad, la caridad y la obediencia. Se vuelve molesto al hacer trabajos honestos y abandona sin ningún miramiento toda reverencia. Se abalanza precipitada y desenfrenadamente, como un caballo furioso. Este monje avaro, se convierte en un insatisfecho con los alimentos diarios y con la ropa que le dan y piensa que la salvación se puede conseguir en otros lugares.

No es conveniente que un monje que posee dinero se quede en el monasterio. Un monje que tiene muchas cosas, oscila al borde de la vida monástica. Posiblemente esté listo a abandonarla. Responde impertinentemente a las órdenes. Actúa como una visita que ve las cosas como un observador y no como un miembro de la comunidad. Se desespera al darse cuenta que algo necesita arreglo o mejora. Trata las cosas con desdén aunque él tiene suficientes provisiones escondidas para su propia comodidad. Se pone indignado cuando se reparten cosas con lentitud. Si alguna persona da primero algo a otra que no tiene nada, el avaro reacciona con furor. "Me tratan como a un extraño." Tampoco se brinda a ayudar libremente en trabajos, pero sí siempre está dispuesto a criticar el trabajo que hay que hacer o el trabajo hecho por otros.

Y la sucesión de pensamientos continúa sin cesar.... Este monje busca las oportunidades de ser ofendido o molestado para no dar la impresión que se ha apartado de las disciplinas del monasterio por razones triviales. Trata de pervertir a los que más puede por intermedio de conversaciones clandestinas y sembrando semillas de discordia. Realza todo lo negativo y los defectos del monasterio. Se queja sobre las tareas más insignificantes, pero es infatigable cuando trabaja para su propio provecho. Se siente obligado y enardecido por su amor al dinero. Como un animal salvaje, se encuentra separado de su rebaño. Se entrega enteramente a sus compulsiones, y trabaja día y noche. Pasa por alto los servicios de oración. Ignora el sistema de ayuno, las reglas de vigilia, las intercesiones. Siente que lo único que quiere es satisfacer sus deseos diarios.

Sigue alimentando al fuego de la codicia mientras cree que lo extinguirá poseyendo más y más. Pronto se puede observar que este monje ha resuelto llevar una vida tan compleja que muy pronto se hará aparente que le será sumamente difícil abandonarla.

La descripción continúa.... Pierde la noción del presente. Empieza a soñar despierto sobre cosas que alguna vez tuvo, o que tal vez nunca las tuvo, pero que aún las añora. Se enfurece con frecuencia cuando recuerda las cosas que tuvo en su vida pasada, o las cosas que podría haber tenido si no hubiera entrado al monasterio. Se enfurece también pensando en las cosas que podría conseguir en el futuro. Cuando está despierto, este monje piensa sin cesar sobre las cosas que podría adquirir en el futuro.

Las cosas que él desea en forma tan desesperada son sólo imágenes mentales porque ni siquiera existen en la realidad. El monje vive una vida con dos corazones—un corazón en el mundo visible y el otro en un mundo invisible de anhelos y fantasías. Vive con la práctica de pedir permiso para usar las cosas, pero en la realidad vive con el deseo y las imágenes de cosas que existieron en el pasado, o que existirán en el futuro. El piensa en estas cosas "como si las poseyera."

Esta vida dualista generalmente conduce a escoger la vida de soltero, abandonando el monasterio en búsqueda de las cosas que pueden satisfacer su pasión adquisitiva y dejando atrás la vida espiritual de renunciación, cuyo fin es la búsqueda de Dios. Las cosas ahora han reemplazado a Dios. La codicia es el culto de los ídolos. Esta locura lleva a la ruina: paso a paso conduce a la idolatría y al culto de dioses falsos (*Inst.* VII.7).

Debido a que los monjes creían que la avaricia era un vicio adquirido, impartían enseñanzas muy fuertes y de carácter preventivo sobre las cosas. Estos monjes mantenían que las cosas visibles no son nuestras. Las descripciones más antiguas que se encuentran en los Hechos de los Apóstoles sobre las comunidades cristianas, mantenían que las cosas deben ser usadas por toda la comunidad, haciendo hincapié en la absoluta necesidad de distribuir bienes a los pobres. La triste historia de Ananías y Safira es una advertencia. Ananías y Safira pecaron en secreto fingiendo haber donado la totalidad de su riqueza a los Apóstoles, pero secretamente, quedándose ellos con la mitad. Ambos murieron cuando estaban contando su mentira. Se usa a ambos como un ejemplo de no poder poner freno a sus necesidades y de seguir acumulando cosas más allá de lo que los Apóstoles les podrían haber dado (Hechos 5:1–12).

Sin embargo, los Padres del Desierto afirman que las cosas son sólo un medio para obtener riquezas invisibles. Nos aconsejan que luchemos para obtener los frutos de una vida desinteresada, de una vida que es libre porque nos permite vivir dentro de nuestros medios, disfrutando de la paz interior que nos hace sentir felices con nosotros mismos, con los demás y con Dios. Los Padres nos dicen que las cosas son sólo instrumentos para hacernos llegar a la santidad. La obediencia y la santidad nos encaminan a su uso correcto. Si no agarramos ansiosamente las cosas, nuestra vida interior de contemplación florece y evoluciona.

Casiano nos explica que la tradición Cristiana enseña que nosotros no podemos poner fin a nuestra apetencia de cosas si somos dueños de una suma de dinero, ya sea una suma grande o pequeña. Solamente podemos llegar a esto por intermedio de la virtud de la renunciación, y nos exhorta a arrancar de raíz el deseo de adquirir, como también arrancar de raíz el deseo de conservar las cosas. No existe un límite de cosas que pueda satisfacer los impulsos de mezquindad y codicia que engendra la avaricia.

Esta enseñanza sobre las cosas, puede dar la impresión de ser idealista—una idea muy buena pero imposible de mantener. No obstante, muchos practicantes relatan sobre su experiencia que en vez de ser una práctica teórica es algo eminentemente realizable. Juan Casiano sabe muy bien el peso de nuestra naturaleza humana. La gracia nos es concedida cuando aceptamos mantener una relación seria con Dios. Casiano nos advierte que ninguno de nosotros tiene que cumplir todas las prácticas de la vida espiritual. Pero muchos de los que responden a su luz interior comienzan, por medio de una propensión u otra, a elegir con un corazón discerniente. Según va pasando el tiempo, esta práctica se convierte en un modo de vida.

Casiano hace énfasis a sus monjes que el remedio más eficaz contra la avaricia, es el aprender a depender del monasterio. De su Abad, deben obtener su vestuario y cosas necesarias. Deben pedir permiso para usar las cosas que necesitan. En obediencia, deben usar las cosas y luego devolverlas a la tienda comunal. Las cosas son mediadoras de la santidad en el servicio de la búsqueda de Dios. Los monjes deben estar agradecidos por lo que han recibido, libres de gravámenes y preocupaciones ya que no tienen que cuidar ni vigilar sus posesiones.

Casiano continúa haciendo énfasis sobre el valor del trabajo con el objeto de mantener una perspectiva apropiada de las cosas. La vida comunal significa participar en el trabajo del monasterio y hacer su parte con humildad. El trabajo es un instrumento de obediencia y humildad. El trabajo asegura lo necesario para poder vivir y entregarnos a Dios.

El trabajo, dice él, es bueno por sí mismo (*Inst.* X.14). Como práctica espiritual no se trabaja sólo con el fin de "hacer algo." El trabajo interior de mi alma, es el estar siempre atento a la presencia de Dios. El trabajo exterior de mi cuerpo me proporciona la forma por la cuál puedo atender a mi deseo de forjar una relación apremiante con Dios. Es una relación que perdurará por toda una eternidad, que empieza aquí y ahora. Por lo tanto el trabajo es oración (*Inst.* XI.24).

Como un requisito para ser admitido en el monasterio, el monje no debe recibir ningún beneficio progresivo de sus cosas. Debe donarlas, en su totalidad, a los pobres. Fiel a esta enseñanza, el monje no da regalos a nadie, por la simple razón que repartió ya todos sus bienes a los pobres. Rinde servicios en el monasterio brindando hospitalidad y de esta forma, recibe a Cristo en los pobres, en los huéspedes, en los ancianos y en los enfermos. Si se dona algo a los pobres, se hace siempre a nombre del monasterio.

Casiano instruye al monje que jamás vuelva a poseer los objetos que ha renunciado y que debe haber erradicado totalmente el deseo de poseer. Hay muchos relatos de monjes que no pueden progresar en la oración. Casiano explica que esta falta de progreso se debe a que el monje primeramente hizo una renunciación total de las cosas, pero que gradualmente las volvió a adquirir poco a poco, bajo la práctica mundana de poseer, ya se haga esto en la realidad o en su mente. Se fue descuidando.

Vigilar los deseos incesantes es la práctica que evita recaídas ya que la codicia empieza con cosas pequeñas y sigue creciendo en formas más y más grandes hasta llegar a "ser poseído por nuestras posesiones."

El monje puede recibir regalos, pero debe usarlos únicamente con permiso. El monje nunca debe pedir obsequios individualmente, solamente lo puede hacer bajo el nombre de la comunidad y esto solamente si son solicitados para el bien común. En la tradición cristiana, un mendicante es el que pide para beneficiar al prójimo, tal como lo hacen los Franciscanos, Las Hermanitas de los Desamparados, o las monjas de la Madre Teresa de Calcuta. La comunidad es la que salvaguarda las tendencias de un individuo de acumular riquezas. No obstante, la comunidad en general, debe examinarse a sí misma de vez en cuando.

En breve, las enseñanzas de Juan Casiano "sobre las cosas" son temas y variaciones de la siguiente sucesión de pensamientos: Es una ilusión el poseer cosas. Inclusive el pensamiento sobre las cosas debe ser erradicado. No se puede ser dueño de nada ya que el poseer algo es sólo una ilusión mental. No existe un número de cosas que pueda satisfacer nuestro deseo. Este deseo tiene que ser erradicado. El monje debe considerar cada utensilio y todos los bienes del monasterio como recipientes del altar y estar consciente de no descuidar nada. El monje no debe estar inclinado a la avaricia, tampoco debe ser derrochador ni desmedido con los bienes del monasterio, pero sí debe hacer todo con moderación y de acuerdo a las órdenes del Abad. De esta forma, las cosas pueden servir como un medio para practicar humildad y obediencia (RB 31.10).

Los pensamientos de un monje sobre las cosas, ya sean éstas objetos materiales o cosas "que debe hacer," deben estar enfocados bajo la sóla idea que únicamente Dios nos satisface. Mientras nuestros pensamientos estén llenos de "cosas" nuestra mente permanece fragmentada y su energía está fuera de control. Se puede aminorar este deseo, dirigiendo el primer vislumbre del deseo de poseer las cosas que aparece en la pantalla del consciente, hacia el vivir totalmente consciente de la presencia de Dios.

¿Hay la posibilidad de que un cristiano común pueda practicar estas instrucciones en el mundo? Creo que estas enseñanzas tienen implicaciones para los buscadores post-modernos. Me ayudan a participar en una comunidad cristiana que valora compartir los bienes, que tiende una mano a los pobres, que custodia todos los bienes terrenales. Me llaman a no pensar más en "mis cosas," a orar para obtener el discernimiento del uso correcto de las cosas para el honor y la gloria de Dios. El corazón es el espejo del Dios que buscamos. Si en mi corazón se encuentran sólo cosas materiales y cosas auto-hechas, me será imposible ver a Dios ahí. Finalmente, mientras más cosas poseo el espejo se presenta mucho mas nebuloso y empañado.

La reflexión sobre la memoria de Dios es un tema fundamental en la antigüedad. Cuando la persona que busca, piensa en Dios, se vuelve consciente de la creación y se siente agradecida: y brota la oración. La gratitud por el libro de la naturaleza, es similar a la actividad de *lectio* o lectura, durante el cuádruple proceso de *lectio divina* que usamos para estudiar y rezar sobre el Libro de las Escrituras. Sabemos que el recuerdo de Dios se mantiene vivo por intermedio de una gratitud constante, porque Dios nos otorga nuevas gracias a cada momento y porque los dones de Dios, vistos bajo la luz del libro de la naturaleza, van mucho más allá de los límites del tiempo y perduran para siempre.

Dios está grabado en nuestros corazones y tenemos acceso a El, por medio del recuerdo. No es como si El viene de otra parte, de "allá fuera." Dios está más cerca de nosotros de lo que estamos nosotros mismos. La persona llena de fe hace una resolución personal, *politeia,* para seguir un programa, "una regla de vida," que se convierte en hábito para recordar a Dios. Esto es el origen de la palabra política, que significa la resolución que hacemos de dar nuestro pleno consentimiento. Este consentimiento puede tomar la forma de una pequeña oración de gracias cuando observamos la magnificencia de la creación de

Dios. A la larga, nos encontramos en un estado de gratitud permanente "caminando en la Presencia de Dios." Esta es la práctica positiva (ascetismo) que está vinculada con la práctica negativa de controlar nuestros pensamientos sobre las cosas. En vez de recordar cosas, recordamos a Dios.[16]

¿Puedo entonces, pensar sólo en Dios y olvidarme de la disciplina? El maestro de Casiano, Evagrio, decía que no existe otro camino que nos lleve a la contemplación que una "praxis" (práctica) sobre los pensamientos. Casiano dice: "Si uno desea ir de los vicios hacia las virtudes y de las virtudes hacia la unión con Dios, no existe ningún otro camino" (*Conf.* XIV.2). *Praktké* es la palabra griega que significa el "modo de vida" del monje. "Práctica" es la traducción castellana de esta palabra. Para nosotros, que vivimos en el país más rico del mundo, se llega a la conclusión que debemos practicar dejando a un lado nuestros pensamientos sobre las "cosas," substituyendo el recuerdo de Dios por nuestros pensamientos y recordando la presencia del Amado en nuestro interior. Con nuestros corazones llenos de agradecimiento debemos elevar oraciones de gracias y de esta forma reflejar a Dios y no a las "cosas." Nuestra vida se convierte en un culto de adoración y un estado de atención a la presencia de Dios reemplaza la inquietud y la angustia.

Un matrimonio sano, saludable, exige la misma práctica de renunciación total que la vida monástica. Se comparte todo. Las posesiones familiares son mancomunadas. Se establecen prioridades. Cada individuo cede al bien común mientras sus necesidades personales se satisfacen tan bien como se puede. El hogar es el monasterio. Los bienes son compartidos de acuerdo a las necesidades de cada miembro. Las "cosas" actúan como mediadoras del amor y de la compasión. Nadie es dueño de las "cosas." Estas son instrumentos para la caridad. El deseo de acumular "cosas" no ejerce ningún control. Se da otra dirección a estos deseos encausándolos hacia acciones responsables para el bien y para la justicia de todos.

Los cosas y nuestros deseos de tenerlas, generalmente se alimentan de nuestra alma. Nos enojamos cuando nos vemos privados de algo. ¿Es esto una indicación que necesitamos cosas para tener un desarrollo sano? ¿Qué pasa cuando no se tiene lo que se necesita? Mientras continuamos con las enseñanzas, visitaremos las enseñanzas de la antigüedad "sobre la ira."

Capítulo 5

Sobre la Ira

EL PENSAMIENTO "sobre la ira" surge en cada uno de nosotros. La ira es una reacción frecuente, habitual y en muchos casos, incontrolable. Frecuentemente nos adaptamos a los accesos de ira tanto de nuestra parte como de parte de los demás. Juan Casiano reconoció que para que nosotros podamos vivir una vida espiritual, debemos controlar nuestros impulsos coléricos, contener nuestra ira e intentar resistir cualquier pensamiento de ira. Según la teoría de los padres y de las madres del desierto, la ira es una conducta adquirida. Esto significa que se puede corregir. La enseñanza cristiana indica que es nuestro deber el actuar con rectitud y justicia y jamás con sentimientos iracundos. Casiano continúa con instrucciones explícitas:

En el contexto del pecado original, la ira es una consecuencia del pecado cumulativo que hemos heredado. Si acumulamos nuestra propia ira sobre los demás, el ciclo se repite. No obstante, la gracia que cada Cristiano recibe en el bautizo, invierte esta tendencia. En la vida espiritual, por intermedio de la gracia, puedo erradicar la ira de mi corazón.

En la antigüedad se decía que "el ojo del alma está desposeído de la luz del criterio y de la discreción correcta." La ira aminora el discernimiento que surge de una mirada honesta. Si estoy lleno de ira me ciego. Pierdo la capacidad de aconsejar sabiamente y no gozo de la confianza de pensar y actuar con rectitud. Mi capacidad mental ha disminuido y la luz verdadera se debilita dentro de mí. Empiezo peleas y pierdo el respeto de los demás. La acusación más apremiante contra la ira es que esta ceguera me inhabilita a desempeñar mi trabajo espiritual debido a que me encuentro fuera de vínculo conmigo mismo, con los demás y con Dios. No puedo discernir. Como si esto en sí no fuera suficiente para hacerme pausar, la enseñanza continúa diciendo que la ira no controlada, conduce a la depresión, a la locura y a la desarmonía universal. El remedio es buscar la paz y hacer el trabajo interior necesario para desarmar los pensamientos de ira.

La pureza del corazón es la meta final del buscador. He sido creado por Dios y si soy un buscador, mi deseo es el retornar a Dios que es todo amor. No obstante, antes de poder "ver a Dios" mi corazón tiene que ser transparente. Esta transparencia del corazón es el fruto de *apatheia,* el silenciamiento de los pensamientos. Los pensamientos van y vienen, pero si me detengo en un pensamiento, este pensamiento ocasiona un obstáculo en mi unión con Dios.

Origen (186–255) es famoso por hacer uso de la imagen de un viaje para relatar la vida espiritual. Origen también usaba el término "vida activa" para referirse al trabajo que el practicante debe ejercer para el control de sus pensamientos (trabajo ascético) y explicaba la "vida contemplativa" como una vida de oración pura. Mantenía que tanto la vida activa como la vida contemplativa, eran experimentadas por todo buscador. Sin embargo, con el correr del tiempo, ambas distinciones cambiaron y su legado llegó a nuestra generación en forma muy distinta. Desapareció la vida activa por medio de la cual se prestaba atención a nuestros pensamientos internos, que ahora se define casi exclusivamente como trabajo apostólico exterior, mientras la vida contemplativa está definida, como se hacía en la antigüedad, como la vida interior de oración.

Si alcanzo a comprender las teorías de Origen en forma correcta, existen dos formas de vida activa y dos formas de vida contemplativa.[17] Evagrio, el maestro de Juan Casiano edificó sobre las distinciones de Origen sobre la vida activa y la vida contemplativa, convirtiéndolas en dos etapas sucesivas. Al pasar de un pensamiento a otro se puede llegar a la "oración pura." Fue Evagrio el que definió la oración como "elevando la mente hacia Dios" y como "la expulsión de los pensamientos." Esto significa que todos los pensamientos e imágenes tenían que ser purgados, para que la mente pudiera estar llena de la luz de la Santísima Trinidad. En este estado, la persona perdía la conciencia de sí misma, alcanzando el éxtasis espiritual, al que Evagrio le llamó Anaesthesia (Evag. *de orat.*120).[18]

La vida activa:

1. La parte negativa de la vida activa es controlar la influencia que los ocho pensamientos clásicos tienen sobre mí.

2. La parte positiva es practicar virtudes en vez de vicios.

La vida contemplativa:

1. La parte positiva de la vida contemplativa es llegar a conocer a Dios. De esta forma afirmo la bondad, belleza y amor de Dios hacia la Creación y todo lo que conozco por medio de la razón. Esta es la manera de saber intelectualmente que Dios está más allá de todas las formas y las imágenes.

2. La parte negativa es la forma de permanecer sin saber o en la ignorancia. Las facultades humanas del intelecto no son capaces de alcanzar a Dios. La oscuridad divina es la luz inalcanzable en la cuál se dice que mora Dios. Lo único que se puede hacer es prepararse por intermedio de la oración y de la purificación, porque la unión con Dios no se alcanza mediante la sabiduría humana. Es un don divino. Debemos vaciarnos de todo para ser capaces de recibir a este Dios inmanente y trascendente.

Con el correr de los años, hubo una simplificación exagerada que causó que la vida activa sea interpretada sólo como trabajos caritativos exteriores que forman parte de la vida apostólica. Se eliminó la parte de la práctica negativa de la vida activa—el trabajo interno de la renunciación de los pensamientos. La búsqueda personal de Dios por medio de la oración quedó como la única forma de trabajo contemplativo. Mientras la tradición del desierto fue desapareciendo más y más, se enseñó a los contemplativos cristianos a practicar la oración, pero no se les brindó ningún entrenamiento sobre la forma de controlar sus pensamientos. Las distracciones durante la oración tenían un interés fundamental, pero no existía ninguna sugerencia de cómo abordar este tema. Para las personas que estaban en la vida activa, "la sabiduría del pensamiento," una práctica de la tradición del desierto, se redujo a los siete pecados capitales que deben ser evitados por todos los cristianos por el temor a la condena eterna. En efecto, se exhortaba a los buscadores apostólicos a ser virtuosos sin haberles dado ningún entrenamiento mental. A los aspirantes contemplativos se les enseñaba a rezar sin ningún método.

La lucha con los pensamientos es una práctica ascética que nos transporta por el estado purgativo, con el fin de remover las cosas que nos ciegan (etapa moral). Una vez que los pensamientos están bajo control, puede aparecer la etapa iluminativa (asimilación de la verdad). ¡Vemos la luz! Nuestros corazones están puros y nuestras mentes claras. Por intermedio de entrenamientos adicionales, aprendemos a moderar el uso de la facultad de la razón y nos movemos hacia un amor constante de Dios que está más allá de cualquier concepto humano de Dios (unión mística, sentido estricto de la contemplación).

Con estas enseñanza siempre presente en la mente, nos damos cuenta que la catequesis monástica sobre la ira, es un pasaje crítico en nuestra peregrinación. La enseñanza sobre la ira formula una directiva clara: El monástico debe permanecer siempre sereno. La ira no beneficia en nada al recipiente que ha sido escogido para buscar a Dios. La ira nos impide tener pureza de corazón, *apatheia* (quietud de pensamientos) y paz. La oración pura me habilita a ser de beneficio a los demás, tanto por intermedio del discernimiento o de la discreción, que me dan una visión clara.

Discriminación (*diakrisis*) es un don espiritual que permite diferenciar entre distintos tipos de pensamientos que penetran nuestra mentes. Nos permite evaluarlos en forma exacta para luego tratarlos como corresponde. Por intermedio de este don, se obtiene el "discernimiento de espíritus" que es la habilidad de distinguir entre esos pensamientos o visiones inspiradas por Dios y las sugestiones o fantasías que nacen del demonio. El discernimiento nos proporciona un ojo o una linterna dentro de nuestra alma, con la cuál podemos encontrar nuestro camino espiritual sin caer en extremos. Se incluye en esto la idea de la moderación (*Philokalia*, vol. IV, 4129). Por ejemplo, la caridad surge y se manifiesta en forma natural, pero la ira impide su manifestación.

Por lo tanto la ira debe ser eliminada en forma total. No debemos tener ni un sólo rastro de ira. No hace ninguna diferencia si los párpados se cubren con láminas de oro, de plomo o de cualquier otro metal. Para la ceguera el valor del metal no tiene ninguna diferencia (*Inst.* VIII.6). Ceguera es ceguera. Es imposible ver. La ira puede ser ocasionada por un acontecimiento pequeño o por un crimen mayor. Nada de esto hace ninguna diferencia al practicante. El más mínimo sentimiento de ira ocasiona distracciones y acciones descarriadas. Cuando estoy enojado, tanto mi alma como la de otra persona son equitativamente inaccesibles.

Hace bien el estar consciente de nuestra ira. Como todas las emociones, la ira da información a nuestra conciencia. Sabemos cómo pensamos y cómo nos sentimos y tenemos respuestas listas para ser seleccionadas e implementadas. Si alguien me ofendió o me lastimó, puedo reaccionar con compasión. Se puede cambiar la dirección de la energía producida por la propensión hacia la ira, con el fin de encontrar una respuesta más apropiada para la situación. Al luchar con la ira, aprendo humildad. Puedo preguntarme a mí misma: ¿Por qué tengo que ser tratada con cierta deferencia? La ira puede ser una indicación del apego que me tengo a mí misma y el incidente que provocó mi ira me puede brindar una oportunidad para practicar paciencia.

Mientras sigo leyendo las enseñanzas de la tradición del

desierto, me doy cuenta que Casiano no usa la parte de la narración de Jesús en el Templo, cuando volcó las mesas, como un medio de justificación a la "ira legítima" o como el principio de una teoría sobre la "guerra justa." Casiano, con mucho énfasis, dice a sus monjes que el objetivo es aspirar a tener pureza de corazón y llegar a recibir el don de la contemplación. Tengo que trabajar constantemente para poder aquietar mis pensamientos. Una acción errada de otra persona me puede conducir a que "haga justicia"—por ejemplo, sacando a los comerciantes del templo—pero mi deber es llevar a cabo esta acción desde el "centro del corazón" y no "del centro de la ira." Las acciones que tienen como base hacer justicia, deben de verse, sentirse y no ser violentas.

En los escritos de Juan Casiano, encontramos cinco temas dirigidos a balancear, reducir y finalmente liberar al practicante de la ira, brindándole al mismo tiempo, una base firme para el discernimiento.

Vigilancia: la ira debe ser eliminada antes de ponerse el sol. "Como en una noche lúgubre" mi ira surgirá mucho más fuerte que antes. Casiano me aconseja que no permita, ni por un instante, dejar entrar la ira a mi corazón. Cuando la ira es reprimida, ocasiona que por varios días no hable con amabilidad ni educación. Cuando me invade la ira, todos mis pensamientos se nutren de ella silenciosamente. En consecuencia, suceden dos cosas: tengo pensamientos de venganza y de desquite y me es imposible rezar. Ceso de ser el templo del Espíritu Santo. La ira excluye el resplandor del Espíritu Santo.

Reconciliación: El ritual de una ceremonia de reconciliación es extremadamente difícil pero absolutamente necesario. No me queda más remedio que postergar mis oraciones "porque una pérdida para alguien es una pérdida para todos" (*Inst.* VIII.14). Me es imposible rezar si sé que mi hermano o mi hermana tiene algo contra mí. Observemos que esta enseñanza captura el mandato de la Escritura en forma literal. No se refiere a restablecer comunicación con alguien que me ha ofendido. Tiene que ver con tratar de reconciliarme con alguien que tiene algo contra mí. Puede ser que yo sea inocente. Inclusive si me acusan falsamente, me puedo defender o también lo puedo hacer para beneficio de mi acusador, sin necesidad de reaccionar a otro insulto. En la práctica, esto es muy difícil de hacer, porque una paz prematura puede añadir sal a la herida, empeorando la situación. San Benito nos previene en contra de hacer a una paz falsa. Tal vez, lo máximo que pueda hacer es ablandar mi corazón, con el fin de estar lista para hacer la paz, y así cuando se presente el momento oportuno, mi corazón estará preparado para la reconciliación. El objeto de la orden es anticipar la ira de la otra persona. De esta forma, estoy dispuesta a llegar a una reconciliación mucho antes que la otra persona. Esto ayuda a no intensificar la situación y con el tiempo se convierte en una base firme para mantener armonía en la comunidad.

Memoria: Casiano nos dice que debemos erradicar toda nuestra ira, todo nuestro odio y todos nuestros pensamientos de venganza. Inclusive, debemos erradicar de la memoria el recuerdo de estos pensamientos. Casiano también nos recomienda que una vez que hemos perdonado, jamás debemos dar un paso hacia atrás. La práctica consiste en erradicar el pensamiento de ira de mi conciencia tantas veces como sea necesario. El perdonar pero el no olvidar, va contra el espíritu de reconciliación. La práctica consiste en liberar mis pensamientos interiores del recuerdo del incidente, de las palabras, o de la serie de incidentes que provocaron mi ira. Debo también, liberar mis pensamientos de la más mínima percepción y comentarios sobre el incidente. Cada vez que me siento enojada, tengo que cambiar la dirección de mis pensamientos que aún están ligados a esos sentimientos, regresando a pensamientos de caridad y compasión. Estos actos, son un recuerdo profundo de mi propia debilidad y de mi necesidad de la gracia de Dios.

Soledad: Para mantener mi serenidad, podría parecer lógico que yo debería distanciarme de la persona, del lugar o del objeto que me causa ira. Sin embargo, la práctica me obliga a hacer frente a mi ira y mantenerme dentro de las relaciones de mi modo de vida. Las enseñanzas me aconsejan que no debo imaginarme que si no viviera o que si no trabajara con tal o cuál persona, tal vez no me enojaría. En realidad, no puedo, ni debo culpar a otras personas por mi impaciencia. Si tengo alguna inclinación a la soledad, donde nadie me provoque, pronto descubriré que me molestan otras cosas: un lápiz, un cuchillo, una piedra o cualquier obstáculo que se presente a mi paso. Tal vez hoy día esté enojada con mi computadora o con el tráfico. La ira se encuentra dentro de mí misma, es necesario arrancarla de raíz.

Libertad: Hoy en día se considera la ira como algo inevitable. ¿Tengo realmente la capacidad de no enojarme? El Abad Moisés en la *Conferencia I,* nos da a conocer una enseñanza reveladora sobre nuestros pensamientos, deseos y pasiones más recónditas. Nos dice que es imposible que los pensamientos no se acerquen a la mente, pero cada hombre y cada mujer tiene el poder de aceptarlos o de rechazarlos. Su ascendencia no depende exclusivamente de mí misma, pero su aceptación o rechazo queda completamente bajo mi poder. El Abad Moisés continúa enseñándonos que esta aceptación o rechazo de los pensamientos, está supeditada a mi libre albedrío y que mis esfuerzos para controlar mis pensamientos están bajo mi poder. Puedo dejar crecer dentro de mi corazón tanto los pensamientos sagrados y espirituales, como los pensamientos mundanos (*Conf.* I.17).

El Abad Moisés recomienda lecturas frecuentes, meditación continua sobre las Escrituras, cantar los Salmos con frecuencia, guardar las vigilias, el ayuno, y la oración. Estas prácticas espirituales mantienen la mente ocupada con pensamientos nobles, sin dejar espacio para que la ira, lujuria o avaricia crezcan libremente. Se conoce como "recogimiento" la práctica de preferir las realidades espirituales (pensamientos dirigidos hacia Dios) sobre los intereses mundanos (pensamientos hacia el ego). El Abad Moisés usa el concepto de la rueda de un molino de harina que nunca para, pero que da energía a la piedra del molino para que muela los granos de trigo convirtiéndolos en harina.

Si bien la mente está siempre en perpetuo movimiento, puedo escoger las clases de granos que doy a mi mente para "masticar." La meta es recordar a Dios, meditar. Me aconseja que ore y que controle mis pensamientos a tal punto que Dios pueda comunicarse directamente con mi alma—sin pensamientos. Esto es la contemplación.

Recogimiento: El recogimiento interior debe prevalecer para poder alcanzar este nivel de contemplación. Existe un artículo formidable sobre los pensamientos en la *Conferencia IX* que dice lo siguiente: lo que estoy pensando antes de orar, entra conmigo a la iglesia. Todas mis imágenes, conceptos y sentimientos acumulados caminan conmigo al banco de la iglesia. A primera vista, puedo dar la impresión que estoy rezando, pero interiormente sigo con las conversaciones previas. A pesar que el ambiente es distinto, mis sentimientos surgen exactamente de la misma forma: ira, tristeza, deseos sexuales y avaricia, se me presentan con la misma fuerza o tal vez con una fuerza mucho mayor cuando entro a la iglesia. Todos los pensamientos o deseos no son necesariamente negativos. Puedo estar festejando una promoción, tal vez una amistad, o recordando un buen chiste. Todo es lo mismo. No estoy presente a mí misma. No puedo elevar ni mi mente, ni mi corazón hacia Dios. El orar no es realmente posible. Por lo tanto mi mandato es "recogerme" o alistarme para escuchar de adentro y de afuera de mí, la palabra de Dios en la Escritura, en la música sacra, e inclusive en el lenguaje provocativo del silencio. Orar sin cesar es siempre muy difícil, pero el poder rezar de alguna forma, en cualquier lugar, requiere primordialmente recogimiento interior (*Conf.* X.10).

Casiano hace hincapié sobre la enseñanza de la renunciación intermedia como una parte esencial de la vida de oración. Para contemplar, tengo que pensar en Dios. Para pensar en El, tengo que controlar mis pensamientos, control que requiere que calme mi mente. Se logra este control no-pensando. Esta práctica requiere que cada vez que observo un pensamiento, vuelva al silencio. También puedo lograr lo mismo volviendo a una palabra sagrada, a una imagen sagrada o a mi aliento.

Cuando presto atención a esa palabra, imagen o a mi aliento, se libera el pensamiento. Lo dejo de lado con cada aliento y con cada latido del corazón. Mi esfuerzo se concreta en dirigir mi corazón hacia una intención sagrada. La oración requiere mi intención de amar a Dios—una intención silenciosa, sin palabras. Mil años más tarde, en un libro clásico titulado *La Nube del No Saber*,[19] se articula muy claramente que la oración sucede en este silencio, pues Dios está más allá de pensamientos e imágenes. La pureza del corazón es simplemente una mente clara, sin pensamientos. En esta mente clara, la caridad surge sin ningún esfuerzo.

En sus Conferencias IX y X, el Abad Isaac, nos otorga la descripción más minuciosa de la oración pura que se puede encontrar en la tradición cristiana. Estas prácticas relacionadas con los pensamientos sobre comida, sexo, cosas e ira, dice el Abad Isaac, son requisitos previos para entrar en una vida espiritual profunda de unión con Dios. Esto no es algo que está en una eternidad lejana, pero que se encuentra en el presente, en esta tierra, durante esta vida. Vice-versa, una vida contemplativa profunda, dedicada a la oración, no se hará realidad si yo no hago el trabajo interno de controlar mis pensamientos. La práctica del recogimiento me obliga a que continuamente vuelva mi mente en oración a Dios, buscando a Dios en cada rincón de mis pensamientos. Cuando se presentan los pensamientos, esta búsqueda me conduce a preguntar si provienen de Dios, de mí misma o del demonio. Si estoy enojada, no puedo discernir. Sólo puedo sentir el enojo provocado por mis pensamientos de ira. Inclusive después de lograr aminorar la ira se hace muy difícil llegar a la estabilidad de pensamiento. Para contener la ligereza de un pensamiento por acá y de un pensamiento por allá, tenemos que tener la disciplina de la atención constante. Esto requiere entrenamiento mental (*Conf.* XI.12).

A pesar de que el problema del discernimiento se aplica a todos los pensamientos, la ira es el pensamiento más devastador de todos los pensamientos, porque nos conduce tan rápida y absolutamente a la ceguera. Se pierde el poder de juzgar equitativamente. Considerando que los pensamientos nacen naturalmente, sin que los busquemos, mi desafío consiste en darles otra dirección, editarlos y cancelar ciertas sucesiones de pensamientos. ¿Cuáles son los pensamientos correctos que brindan ayuda, belleza, gracia y afán por la vida? ¿Cuáles son los mortales? La narración de Juan Casiano sobre los abbas y las ammas del desierto dedica más de ochenta páginas a los aspectos del discernimiento. Hace hincapié en que debemos estar siempre alertas al origen de nuestros pensamientos. Debemos preguntarnos: ¿Este pensamiento nace de mí, de Dios, o de influencias exteriores? ¿Qué valor tiene el pensamiento? Algunos pensamientos son buenos, otros son malos y otros son indiferentes. ¿Cuáles son las consecuencias? ¿A dónde me lleva este pensamiento? ¿Cómo puedo saber? "No confíen en cada espíritu, comprueben si todos los espíritus son de Dios" (Jn 4:1). Pon a prueba este pensamiento para ver si es verdadero o falso. Es bueno por sí mismo, es bueno para mí, me será bueno ahora? ¿Cómo puedo verificar si es bueno?

Hay que ser adepto a permanecer con una incertidumbre sabia porque las verdades a medias son sumamente engañosas. Generalmente, las cosas no son lo que parecen. Algo bueno que nos lleva al vicio, nos puede parecer muy bueno al principio, pero a la larga debilitará mi determinación. El argumento que el fin justifica los medios es apremiante, pero las normas erróneas volverán a surgir. Los pensamientos pueden contener la motivación correcta, pero con un énfasis erróneo. ¿No debería de sentirme enojada con las injusticias hechas contra los pobres? ¿Debería estar colérica con los cambistas, como Cristo lo estuvo en el Templo? Las enseñanzas me hacen ver que tengo que investigar para darme cuenta si estoy solamente en la mitad de la verdad. ¿Estoy dando poca importancia a la tradición, le estoy dando un significado diferente, estoy pesando las cosas en forma distinta? Si es así, mis pensamientos, mis decisiones, no son de oro macizo, analizado y pesado de tal forma que sé con exactitud lo que recibiría en cambio. Puedo tener las ideas correctas, pero mis acciones pueden estar equivocadas.

Otro aspecto del discernimiento es el preguntarme a mí misma si mi comportamiento parece ser sincero o si tal vez, proviene de una motivación errónea. Un ejemplo podría ser que yo, a pesar de no vengarme por alguna injusticia, mantengo sin embargo, una actitud altanera en mi corazón. Casiano nos dice:

Debemos de escudriñar constantemente todas las cámaras más recónditas de nuestro corazón. No sea que, desafortunadamente, alguna bestia relacionada con el entendimiento, ya sea un león o un dragón estando de paso, hayan dejado clandestinamente sus huellas peligrosas. De forma tal, que diariamente y a cada hora, removamos la tierra de nuestro corazón con el arado del evangelio, por ejemplo, recordando constantemente la cruz de Nuestro Señor. Al hacer esto, lograremos erradicar de nuestros corazones, las madrigueras de bestias nocivas y los lugares furtivos de serpientes venenosas (*Conf.* II, Abbot Moses, 22).

Se debe utilizar el discernimiento no sólo para llegar a decisiones importantes pero también se debe usar en circunstancias de la vida cotidiana. Aunque en la historia reciente, la tradición del discernimiento se ha relegado solamente a la elección del estado de vidas fundamentales, como lo es escoger una vocación hacia el matrimonio o hacia la vida religiosa, primordialmente, el discernimiento animaba al practicante a desarrollar un corazón discerniente, para usar moderación en todas las cosas. Casiano enseñó que los extremos se encuentran. En la vida espiritual, el tener mucho o poco, no hace ninguna diferencia. Las compulsiones auto-creadas deben ser evitadas. Por ejemplo, la gula o el ayuno excesivo, son igualmente peligrosos. La frigidez y la hostilidad hacia el prójimo son tan perjudiciales como las fantasías sexuales que nos conducen a una conducta libidinosa. El camino de la moderación es lo que me ayuda a mantener humilde.

Cuando la lucha aminora, me invade una paz total. La ecuanimidad es la ausencia de lucha, la armonía de los extremos. Según Maha Ghosananda,[20] la ecuanimidad crea un instrumento altamente afinado, cuyas cuerdas están ni muy tensas ni muy sueltas, vibrando armoniosamente, produciendo una música exquisita. La ecuanimidad me enseña que no soy el mejor ni el peor. En la época de Casiano, el abad ayudaba al practicante a determinar el camino de la moderación, tomando en cuenta las diferentes necesidades y etapas de cada persona.

La práctica de la manifestación de los pensamientos (*exago-reusis*) es muy beneficiosa en el proceso del discernimiento. Al revelar mis pensamientos a una persona mayor, hago frente a mis pensamientos y a sus motivaciones escondidas, dando de esta forma al abad o a la persona mayor, una intuición del lugar en que me encuentro, de manera que se pueda encontrar un camino intermedio.

¿Cómo se aplica el discernimiento a los pensamiento de ira? Si estoy enojada, no puedo discernir, porque los pensamientos se presentan rápidamente y son velozmente tergiversados. No los puedo mantener separados para poder hacer distinciones. Consiguientemente, se presenta la confusión. Si estoy enojada, mi corazón cambia de un corazón discerniente a un corazón encolerizado. En ese momento sólo pienso en mi dolor y en la forma de poderme vengar del que me ofendió. Pienso sólo en vindicarme. Mi ego me domina. Pierdo de vista a Dios, que es lo verdadero, y debido a mi estado de ira, mis normas de oración desaparecen.

Si permito que la ira se dilate y la sigo nutriendo, pierdo la capacidad de interpretar correctamente mis acciones. No puedo aceptar consejos procedentes de una mayor sabiduría y confío únicamente en mi propio ego. Puedo llegar al extremo de ser inflexible o de no hacer caso a nada. El camino intermedio deja de guiar mis decisiones. Pierdo mi capacidad de ordenar, de pensar, de orar y de poder dialogar con el prójimo con el fin de obtener auto-crítica. Si estoy enojada no sirvo de nada a otras personas que necesitan ayuda para poner en perspectiva sus vínculos familiares y los diferentes cursos de acción que pueden tomar, pues estoy completamente cegada para mí misma, para los otros y para Dios. La ira tiene un precio muy alto. La debo erradicar en cuanto hace su aparición en la pantalla de mi conciencia.

¿Qué sucede si tengo razón? ¿Si las injusticias deben detenerse, no me debe sacar la ira de mi pasividad? Adviertan cuán activo es el proceso de discernimiento. Observo primero todos mis pensamientos, después los edito, los encamino en una nueva dirección o los anulo. No hay ninguna represión. No hay indiferencia. En mi práctica de discernimiento si se presenta un pensamiento de acción hacia una víctima y este pensamiento nace de un centro de verdad y no de ira, este pensamiento es poderoso y no violento. En este caso actúo decisivamente, con toda sinceridad, compasión y caridad. El trabajo de la vida apostólica es aliviar la condición de los pobres. Trabajo para el beneficio de la justicia. Hago esto sin ser guiada por la ira o sin pasar juicio, desde el núcleo de un corazón discerniente, listo y deseoso de hacer todo lo que sea necesario.

Judith Cebula, redactora del periódico *Indianapolis Star,* cita a Arun Gandhi (de sesenta y siete años de edad, ahora residente de Memphis, Tennessee), nieto de Mohandas Gandhi, diciendo que "él aprendió de su abuelo cómo reconocer la ira. Este es el primer paso hacia la no-violencia—el saber reconocer que uno está enfurecido y saber el motivo por el cuál uno reacciona de esa forma." Gandhi dice, "mi abuelo me enseñó cómo escribir un diario sobre la ira y a narrar por escrito mis sentimientos cuando estoy furioso. En vez de atribuir mi enojo hacia otra persona u objeto, lo pongo en mi diario tratando de encontrar una solución." Gandhi aprendió la relación entre la ira pasiva del miedo, el prejuicio y la intolerancia y la ira activa de una riña, de una matanza, de una guerra. La intolerancia británica contra los hindúes y musulmanes de la India, fue la causa de la Guerra Civil en ese país. Dice Gandhi que en los Estados Unidos, el prejuicio que separa a los blancos y los negros y la división creciente entre ricos y pobres está polarizando la cultura norteamericana. "Todos estos pequeños temores se convierten en el fundamento de la violencia," dice. "Todos nosotros somos responsables [por nuestra ira]."[21]

¿Acaso no es normal la ira en nuestra relaciones y parentescos? ¿No demuestra el tener ira que me interesa lo que le pasa a otra persona? A continuación veremos un artículo muy prolijo sobre la amistad, escrito por Casiano. Observemos que Casiano aplica sus enseñanzas sobre los ocho pensamientos directamente a los amigos. Por lo tanto no podemos evitar el darnos cuenta que estas enseñanzas han sido intencionalmente dedicadas a nuestra vida cotidiana y que no solamente constituyen metas sublimes. De acuerdo a Casiano en *Conferencia* XVI, la amistad prospera con la virtud, con la armonía. La renuncia de los pensamientos es lo que proporciona una base de interés mutuo. "Habrá un propósito y una mente para desear y rechazar las mismas cosas." Casiano escribe que para mantener una amistad intacta, tenemos que estar seguros de habernos liberado de nuestras faltas y haber mortificado nuestros propios deseos. Es entonces que podemos estar unidos con ahinco y propósito, de forma que podamos realizar los encantos de la amistad. Verdaderamente, la unión que existe con una amistad se convierte en la unión de caracteres. Es muy provechoso tener amistad con una persona que le gusta ayunar y festejar, que es casta y que usa las cosas en común, sin demostrar ninguna avaricia. Es también provechoso ser amiga de alguien que lucha contra la ira, que practica todos los otros medios de controlar los pensamientos que desestabilizan mi mente.

El Abad José dice que el don de la amistad sólo puede perdurar entre aquellas personas que son igualmente buenas. Deben ser de una sóla mente y de un sólo propósito. Nunca, o casi nunca están en desacuerdo, y si lo están, es sobre asuntos que conciernen su progreso en la vida espiritual. Pero si con el correr del tiempo empiezan a enfadarse con disputas vehementes, es muy claro que previamente no hicieron las tres renunciaciones. Si verdaderamente hubieran renunciado a sus pensamientos, podrían escuchar los pensamientos del otro sin el más mínimo menosprecio (*Conf.* XVI.1–28).

Las enseñanzas continúan diciendo que el practicante nunca debe enojarse. No importa el motivo que tenga. El maltratar a otra persona le hace mal a él también. Debe estar consciente diariamente, que dejará este mundo. Esta realización pondrá fin a su ira y evitará toda clase de pecados. No sufrimos cuando vivimos de esta manera, ni tampoco ocasionamos sufrimientos a otras personas. Casiano nos advierte que cuando la perspectiva de la transitoriedad de la vida terrestre falla, la ponzoña se apodera de los corazones de nuestros amigos. Las peleas frecuentes enfrían el amor. Primero se separan los corazones. Luego viene la separación del tiempo y del lugar que pasan juntos. Esto no causa sorpresa, ya que la ira engendra un largo camino de pensamientos, deseos y pasiones antagonistas.

Casiano continúa sus escritos señalando que la persona que ha practicado la renunciación de los pensamientos no discutirá con sus amigos: no pide nada para sí mismo, aísla inmediatamente la primera causa de la pelea, que generalmente nace de cosas triviales que no tienen la más mínima importancia. Si un amigo practica sinceramente tener posesión en común de todas las cosas (como lo hicieron los primeros cristianos en los Hechos de los Apóstoles), no hay forma que las semillas de disensión aparezcan. Un amigo se concreta a estar al servicio de las necesidades de su prójimo, no de la suyas propias. Durante el período de amistad, se convierte en la imagen de su Señor y Maestro que dice: "He venido a hacer la voluntad de El que me envió. Por esto todos sabrán que son mis discípulos, ámense unos a otros" (Jn 15:17).

La deliberación del Abad José continúa: ¿Bajo qué fundamento puede el monje admitir el rencor que existe entre él y su amigo? Ninguno. No existe la ira justa porque la ira es peligrosa y censurable. Cuando su hermano está enojado con él, le es imposible orar. Cuando él mismo está enojado con su hermano, tiene que perdonarlo. "Por eso cuando presentes una ofrenda al altar, si recuerdas allí que tu hermano tiene alguna queja en contra tuya, deja tu ofrenda ante el altar, anda primero a hacer las pases con tu hermano y entonces vuelve a presentarla" (Mt 5:23–24). Este es un serio alegato para la persona que ha resuelto dedicar su vida a la oración. Casiano dice: "Lo único que nos queda por hacer es el no volver a rezar jamás si persistimos en mantener este veneno en nuestros corazones, convirtiéndonos en culpables en relación a este mandato apostólico o evangélico que nos ordena a orar continuamente, en todas partes, o si nos engañamos a nosotros mismos y nos arriesgamos a rezar actuando en contra de su mandato, debemos saber que de esta forma no estamos ofreciendo a Dios una oración, sino nuestro temperamento obstinado con un espíritu rebelde" (*Inst.* VIII.13). "No se ponga el sol mientras dure vuestra ira" (Ef 4:26).

Si mi corazón aún está enojado, estas palabras me hieren profundamente, porque seré castigado de la misma forma por violar los mandamientos del Señor. Tengo que tener siempre presente la brevedad y fragilidad de la vida. ¿Cómo puedo tener la más pequeña molestia contra mi hermano sabiendo que también él dejará este mundo muy pronto?

La ira es la emoción que crea más disensión entre amigos: No des prioridad a nada que no sea amor. Suprime la furia y la ira. Pasa por alto todas las cosas, por necesarias y útil que parezcan, como secundarias a la amistad. Evita la ira. Aguanta y tolera todas las cosas para que la serenidad del amor y de la paz, sea preservada intacta. Nada es más perjudicial que la ira y el enfado y nada es más beneficioso que el amor. Se debe evitar inclusive cualquier argumento sobre las cosas espirituales. ¡Recuerda que no sólo el amor pertenece a Dios, sino que Dios es amor!

Existen diferentes categorías de amor: amor familiar, amor a los amigos, a los compañeros de trabajo, a los desconocidos y a los enemigos. Cada una de estas categorías nos da la oportunidad de particularizar el amor. En cada uno de estos casos la práctica del perdón anticipa las necesidades y extiende el amor. Al creyente se le exige el amor, ya que tiene como fundamento que el "otro" es Cristo. El actuar contrario a lo que evita el progreso en el camino espiritual, como las conductas inapropiadas, el silencio pasivo-agresivo que provoca a otra persona o fingiendo una paz que no brota del corazón, lastima a ambos.

Haciendo prácticas espirituales como el ayuno motivado por la ira, no sólo es contrario a la búsqueda de Dios, sino que puede herir al prójimo tanto como a uno mismo (*Conf.* XVI.14).

Se debe controlar la ira en su primera instancia ya que la naturaleza de la ira es tal que cuando se extingue inmediatamente, sucumbe. Al igual que cuando tenemos deseos de poseer cosas: "Vigilemos la cúspide de la cabeza de la serpiente y permanezcamos muy alertas en nuestra guardia. Si ésta ha logrado introducirse en nuestro consciente, seguirá comiéndose a sí misma y encenderá para sí un fuego más intenso" (*Inst.* VII.212). Si se muestra la ira abiertamente, quemará con más fuerza. La experiencia de vivir días, meses y años sin ira, ilumina la mirada, aclara la piel y aviva el andar del que busca a Dios.

En breve, la meta es el no enojarse nunca, ya sea con buena razón o sin ella. Si estoy enojada, pierdo la luz del discernimiento, la seguridad del buen consejo, e inclusive pierdo la rectitud y la sobriedad de la integridad. Soy templo del Espíritu Santo. No debo elevar mis oraciones a Dios cuando estoy enfadada. No es conveniente rezar a Dios con ira ardiendo en mi corazón. Durante el culto no puedo amar ni odiar. Si alimento la ira, ni renunciaciones, ni ayunos, ni vigilias me ayudarán en lo más mínimo. El ser moderado en la comida y en la bebida, el usar las cosas con sabiduría, ser célibe y casto es difícil, pero se puede hacer. Sin embargo, la ira aflige el alma con tal fuerza que anula todo el progreso anterior de la vida espiritual.

La práctica del discernimiento consiste en olvidarme de los recuerdos de mis ofensas. El recogimiento consiste en un recuerdo continuo de nuestras metas en el camino espiritual y de una atención continua a la posibilidad de la reconciliación, inclusive si la otra persona no tiene aun conocimiento de mis pensamientos de bondad. La reconciliación es un gesto de perdón. La gracia anticipa la oportunidad de reconciliación, brindando el momento oportuno que hace la reconciliación auténtica, sincera y duradera.

Casiano enseña que tengo los medios de mantener mis relaciones, y que estos medios me ayudan a deshacerme de pensamientos de ira. Paz y felicidad, acompañan a este entrenamiento mental. Con el corazón puro, el amor fluye natural y espontáneamente. La ausencia de ira ilumina mi mente. Puedo leer con más facilidad el libro de la naturaleza, el libro de las Escrituras y el libro de la experiencia de vida. Sé que Dios está más cerca de mí de lo que yo estoy de mí mismo. Mis amigos son manifestaciones de Dios. Una felicidad inefable reemplaza el desaliento, la ansiedad y la preocupación por detalles que están fuera de mi control.

Tengo libre albedrío, y aunque no me es posible evitar que los pensamientos surjan en mi mente consciente, si puedo escoger qué pensamientos voy a considerar. En todo caso, según las enseñanzas de Evagrio, "no depende de nosotros que pensamientos pueden o no angustiar el alma. Pero sí somos responsables si estos pensamientos permanecen o no, o si las pasiones se incitan o no" (*Praktikos* 6). Casiano enseña con las palabras del Abad Moises,

> es imposible evitar que los pensamientos se acerquen a la mente, pero todo hombre y mujer con seriedad, tienen el poder de admitirlos o desecharlos. Para entonces, su surgimiento ya no depende enteramente de nosotros, pero su rechazo o admisión queda bajo nuestro poder... en gran parte queda bajo nuestro poder mejorar el carácter de nuestros pensamientos y permitir que tanto los pensamientos sagrados y espirituales o los terrenales, se desarrollen en nuestros corazones. (*Conf.* I.17)

Para mantener la mente equilibrada, el Abad recomienda *lectio,* cantar salmos, ayunos y vigilias. La amistad consiste en compartir estas prácticas. Este vínculo de amistad es precisamente este deseo de buscar y encontrar a Dios cara a cara, en forma tan real como ver la cara de un amigo.

¿Qué se puede hacer con la ira? En cuanto observe violencia, tengo que estar dispuesto a hacer lo que sea necesario para corregirla en pro de la justicia. Aunque a veces no sé qué camino tomar, con la oración y el discernimiento mi camino se aclara y puedo actuar decisivamente. Cuando actúo con un corazón discerniente, me muevo con suavidad, caridad y compasión. Su Santidad el Dalai Lama dice, "mi enemigo es el que me ayuda con mi conducta para encontrar la iluminación."[22]

Recientemente, dí una conferencia sobre la ira en el Instituto del Noviciado de Beech Grove. La Venerable Pema Tsultrim, monja Budista Tibetana, estaba de visita. Ella me recordó que el Budismo tiene el concepto de *Bodhicitta* en el cuál la hechicera de la compasión utiliza la práctica de Tonglen: Da todos los beneficios y ganancias al prójimo, acepta sobre tus hombros las pérdidas y las derrotas. Si el sufrimiento no es justificado, tiene mucho más mérito.[23]

Me dí cuenta que en mis enseñanzas ese día, no incluí el núcleo central de sacrificio y redención de las enseñanzas cristianas. Jesús murió por nosotros, nos liberó y redimió nuestros pecados para que todos los humanos podamos ser benditos. Esta enseñanza budista me hizo ver más claramente que de acuerdo con la enseñanza cristiana, debemos anticipar las penas ajenas y aceptar el sacrificio por el bien del prójimo. Para imitar a Cristo tenemos que entregarle nuestras vidas. Para poder llegar a este estado y como condición previa, mi deber es situarme más allá de la ira de tal forma que pueda pagar el costo del discipulado.

Todo esto se aclarará cuando estudiemos la enseñanza sobre la humildad relacionada al "pensamiento de vanagloria." Quedo muy agradecida a mi amiga budista, Venerable Pema Tsultrim, por traerme a la memoria que este dogma budista es exactamente igual al que practicamos en nuestra vida cristiana.[24]

Antes de continuar con las enseñanzas de Juan Casiano sobre la vanagloria, debemos aprender sobre la tristeza y la acedia. Si en nuestra vida interior no se domina la ira al principio, presenta muchas desventajas. La ira puede dirigirse hacia uno mismo causando tristeza, una aflicción que se experimenta como depresión.

Capítulo 6

Sobre la Tristeza

Casiano enseñó que la tristeza nace de la ira. Pensamientos tristes llevan a la depresión, a un estado de tristeza. Casiano continuó explicando las características de la tristeza. Algunas veces, nos explica, los pensamientos penosos comienzan al azar, como ataques de tristeza. Empiezan en forma casual y sin ningún orden. La depresión empieza a controlar mi mente. Este humor funesto me impide tener autocrítica. Estos pensamientos negativos me arruinan y me deprimen totalmente. La noche lúgubre que se ubica en el interior de mi alma no disminuye al amanecer. La tristeza se convierte en un estado mental constante. El sueño no brinda ningún alivio. He caído en un estado de impureza *(Inst.* VIII.10).

La depresión, continúa Casiano, no me permite orar con la alegría usual de mi corazón, como tampoco puedo confiar en la paz que tenía cuando leía las sagradas escrituras. Me siento impaciente, intranquila. No puedo ser tierna con mis hermanas y hermanos. Es mas, me comporto ásperamente en todos mis deberes laborales y devocionales. Todo consejo sabio se ha perdido y la firmeza de mi corazón está destruida. Me siento casi enloquecida y embriagada. Mi mente se derrumba. Los sentimientos inundan todo mi ser acompañados por una desesperación mortal. El suicidio se me presenta como una opción (*Inst.* IX.2).

La tristeza es una condición provocada por los pensamientos, de la misma forma que los pensamientos controlan nuestras tendencias sobre la comida, el sexo, las cosas y la ira. La depresión hace mucho daño al espíritu humano. "Así como la polilla destruye las prendas de vestir y el gusano la madera, está la depresión en el corazón humano." La imagen predilecta que se usa para describir la tristeza es la imagen de un ser comido totalmente. "Es una tristeza torturante que devora el templo sacerdotal del alma. Los agujeros perforan mis vestimentas o mis prendas de vestir" (Prv 25:20, citado en *Inst.* IX.3).

¿Cómo empieza la depresión? La tradición del desierto ofrece tres fuentes de "pensamientos de tristeza" que conducen a la depresión: primero, la depresión es el resultado de un enojo previo. Segundo, la depresión brota de un deseo de ganancia no realizada: cuando nos damos cuenta que no hemos tenido éxito en obtener 'esas cosas' que habíamos planeado, nos sentimos decepcionados (*Inst.* IX.4).

El tercer punto del origen de la tristeza es mucho más misterioso. Aparentemente, la depresión aflige a la víctima sin ninguna causa aparente. Casiano nos explica que podemos deprimirnos de tal forma y tan súbitamente, con una tristeza tan extrema, que nos resulta imposible recibir en forma civilizada, las visitas de las personas que nos son queridas. Observamos que cualquier tema de conversación que nuestros seres queridos empiezan, lo encontramos mal, fuera de tiempo y lugar. No podemos contestarles educadamente, porque la amargura se hace dueña de nuestro corazón. Casiano nos sigue aconsejando que el tipo de depresión súbita, que parece originar de la nada, merece nuestra máxima compasión para su víctima. Este tipo de depresión nace sin fundamento, sin ninguna explicación. Hoy en día se conoce a este tipo de tristeza como "depresión química" posiblemente con bases genéticas. La experiencia es un infierno y la víctima es inocente (*Inst.* IX.4).

Casiano advierte que el origen de muchas formas de depresión, claramente está en nosotros mismos. Hemos almacenado pensamientos y sentimientos negativos. Las semillas de esos pensamientos hacen crecer los recuerdos emocionales con muy poca provocación—resultando en memorias que muy pronto abruman nuestra alma y estallan en retoños de fruta mala, oprimiendo nuestra alma y llevándonos a una tristeza agobiante.

Casiano sigue el hilo de los pensamientos ligados a esta enfermedad mortal. Tristemente nos lamentamos que toda nuestra vida de limitaciones, ha sido un error. Tal vez hubiera sido mejor que hubiéramos vivido una vida "como queríamos," sin tener en cuenta el daño que hacíamos a los demás. Lamentamos la vida que llevamos evitando las tentaciones. Los pensamientos que estaban escondidos y ocultos en la parte más profunda de nuestra alma, ahora salen a la luz, causando gran arrepentimiento y un cinismo áspero. "¿Por qué no dejé el monasterio y me casé?" "¿Por qué motivo no acepté ese empleo que me daba poder y autoridad?"

¿Qué se puede hacer? ¿Este estado depresivo de cuerpo, mente y alma, cómo se cura? En los tiempos antiguos, se sugerían cinco prácticas: *debemos mantener la relaciones que tenemos con el prójimo*. Si me aíslo, el número de personas que desaparecerá de mi lista no tendría fin. Los seres humanos no pueden evitar el ofenderme. Cada persona que conozco, me ofenderá tarde o temprano. Si me aíslo, pierdo la oportunidad de practicar la paciencia, de llevar su carga. Puedo pensar que otras personas son mejores que yo y me es penoso estar en su compañía. También puedo pensar que quiero cambiar a las personas que me ofenden. Si trato de cambiar a alguien, lo único que conseguiré será cambiar las causas que me separaron de mis antiguas amistades, pero hay muy pocas probabilidades de que yo las cambie, como tampoco voy yo a cambiar. Como se ha dicho anteriormente, cuando la causa de la depresión parece ser externa, generalmente es interna.

El consejo de Casiano sobre la depresión es el opuesto al que se da a la persona afligida con los pensamientos de lujuria, a quien se le recomienda huir: Una energía diferente exige un alejamiento para poder frenar sus frustraciones sexuales. Un anciano, o una persona madura, que tiene el don del discernimiento, puede ayudar en esta decisión. Cuando se está deprimido el aislarse lleva a una mayor confusión (*Inst.* IX.7).

Casiano continúa aconsejando a los que están deprimidos: *Debemos hacer todo lo posible para enmendar nuestras faltas y corregir nuestros modales.* Si me corrijo estaré en paz con mi prójimo e inclusive con los animales (Job 3:23). No tengo que tener miedo al mal externo si admito las raíces de mi propio mal. "Tienen una gran paz los que aman tu ley, o Dios y no tienen la oportunidad de caer" (Sal 143).

Abstente de pensamientos que te conducen a tu propia destrucción. Toma estos pensamiento muy seriamente. Esta aflicción puede llevar a la muerte, a la auto-destrucción. Es una reacción apropiada el estar alarmado por los pensamientos crónicos, profundos, oscuros. ¡Préstales atención! "Los pensamientos tristes" causan una depresión que puede llevarnos al suicidio. Un ejemplo de los Evangelios es el del Apóstol Judas. El fue el que traicionó a Jesús. Se ahorcó. Existía otra alternativa: pedir perdón.

Abstente y dales una dirección nueva a todos y cada uno de los pensamientos en los cuáles te rebajas a tí mismo. Es una forma de orgullo el entretener pensamientos que están emocionalmente cargados de tristeza. Pensé recibir más alabanzas, mejor fortuna, mejores resultados de lo que en realidad sucedió. Lo que sucedió es la realidad, nada más ni nada menos. Los pensamientos que se mueven por debajo de la realidad y retornan hacia mí, cubiertos de capas de comentarios, son contrarios a la práctica espiritual de la renunciación, del discernimiento, la paciencia, la humildad y la obediencia.

Resiste el sufrimiento morboso. El sufrir, como lo hizo Cristo, que dio su vida por el prójimo, no deja remordimientos. Más bien llama a cada uno de nosotros al hacer todo lo posible por mejorar la situación. Sufrir como el mundo conoce el sufrimiento, nos lleva a la muerte (2 Cor 7:10). El sufrimiento morboso se enfrenta a uno mismo. Aprovecha todas las ventajas del peso de la tristeza para evitar que se pueda vivir una vida normal, que se puedan tener actividades diarias, relaciones y amistades. Esta experiencia mortal aumenta en intensidad, penetrando por debajo del nivel consciente de las preguntas que afligen a todos en distintas etapas de sus vidas. El sufrimiento morboso ha resuelto que "nada le importa." No obstante, en la tradición, no se ensalza el sufrir por el hecho de sufrir. La paciencia se lleva la corona. El sufrimiento es neutralizado por intermedio de la aceptación y por la gracia de la valentía.

¿Es útil la tristeza? Casiano enseñó que en muchas instancias, la tristeza puede conducir a la compunción del corazón, provocando de esta manera un enardecimiento de los deseos de perfección y la contemplación de futuras glorias. Se encuentra una descripción más completa sobre la compunción en el capítulo que sigue a éste, "Sobre la Acedia." Sin embargo, Casiano describe esta forma de tristeza como positiva, ya que es la que nos ayuda a llegar a la salvación. La compunción es obediente, civil, humilde, buena, tierna, paciente y brota del amor de Dios. La tristeza buena, positiva, trae a mi consciente un deseo duradero de perfección. Inclusive los sufrimientos corporales y los espirituales ayudan a mi corazón errante a volver a Dios. Me regocijo y espero que el sufrimiento me beneficie y preserve toda la bondad y paciencia (*Inst.* IX.10).

¿Cómo me ayuda la enseñanza a detectar y controlar el pensamiento de tristeza? ¿Cómo me puedo anticipar a este hilo de pensamientos antes de que evolucionen y lleguen a la depresión? Casiano observa que es gozoso el experimentar cosas positivas en la vida. La lista clásica de las cosas positivas está incluida en los frutos del Espíritu Santo: amor, alegría, paz, paciencia, bondad, benignidad, fe, suavidad, mansedumbre y modestia. Muchas veces no tengo la suficiente rapidez para evitar la entrada insidiosa a mi corazón, de los pensamientos que me llevan a la depresión. No me doy cuenta de estos pensamientos, pero sus frutos son percibidos por los demás. Casiano describe: La persona deprimida muestra signos de aspereza por medio de su rencor e impaciencia. Día que pasa, día en que el monje se vuelve más indiferente hacia los demás que necesitan cuidado y compasión. Muestra un pesar inútil y signos de desesperación suicida. Este dolor tan negativo le saca la energía, quebrando su espíritu.

Considerando que la depresión es irracional, si me entrego a ella, caigo en las manos de la tristeza. Esta tristeza no sólo disminuye la eficiencia de mis oraciones, sino que destruye todos los frutos del Espíritu. Se observa un intercambio: en vez de los frutos del Espíritu Santo, sufro los frutos de la tristeza.

Sobre el dolor: Se debe verificar si es un dolor que pertenece al mundo que lleva a la muerte o si es un dolor que conduce a la vida. La clase de dolor que llamamos compunción de espíritu, puede instarme a un dolor sincero debido a mis fechorías o mi dureza de corazón. Casiano describe pensamientos de dolor que serenan el corazón. Me acerco más a Dios al tomar la responsabilidad por el pensamiento de dolor y dirigirlo hacia mí mismo, porque estoy en búsqueda de la conversión. La compunción es un dolor sano. La tristeza es un dolor malsano. Cuando estoy triste, me atasco, y permanezco en mi ego adolorido en vez de moverme hacia Dios. De la misma manera, el dolor sano, se enfoca hacia el futuro y se mueve hacia fuera de uno mismo. Tiene otra meta, que no es el ego. Se encuentra ansioso de hacer sacrificios para comenzar de nuevo, con apertura y con todo corazón. Me doy cuenta que la vida sigue su curso. Esto me mantiene más alerta, y me hace notar, cómo los detalles de la vida fluyen alrededor de las vicisitudes de la vida. Esta realización me ayuda a desprenderme de la experiencia difícil y dolorosa.

¿En mi diario vivir, cómo se puede diferenciar entre el dolor positivo y la compunción? Cuando doy vueltas y vueltas, pensando y volviendo a pensar, sobre el daño a mí misma, sé que esto es algo que no es saludable porque me sumerge cada vez más profundamente en el dolor.

¿Cuando estoy sumergida en un dolor profundo, cuál es el remedio? Casiano nos aconseja vislumbrarlo enseguida. Observa tus pensamientos. Cuando tienes un pensamiento triste piensa: "Tiene que ser así. Tengo pena. Confío en la gracia de Dios." Entonces cambia la dirección del pensamiento hacia fuera de tu mente consciente. Tal vez tenga yo que hacerlo varias veces. Captura el pensamiento pronto. Despáchalo.

Estréllalo contra la roca que es Cristo. Como esta clase de dolor nace del inconsciente, la suma compasión tiene que ser mi primera preocupación.

¿Cómo podemos desarraigar la tristeza? ¿No es acaso una reacción normal contra las cosas malas que nos brinda la vida? Casiano nos insta nuevamente a resistir todos los pensamientos negativos. A raíz de este modo de pensar, podemos caer fácilmente en la depresión. Casiano nos dice que las cosas no están ni bien ni mal. La vida sucede, y la mente, simplemente observando la realidad, puede llegar a la ecuanimidad. Tengo la libertad y la gracia de ser capaz de expulsar la pasión negativa de mi corazón. Si en mi meditación trato de mantener mi mente constantemente ocupada con la esperanza del futuro y en la contemplación de la felicidad prometida, también puedo tener esperanzas ahora, en esta vida, porque el Espíritu Santo vive en mí.

Casiano insiste en que todos nosotros experimentaremos, tarde o temprano, el pensamiento de tristeza, que nace del resentimiento, del desengaño, de una pérdida e inclusive puede causarlo un desorden mental. Esta depresión de origen desconocido, puede provocar una desesperación mortal. Casiano nos dice que inclusive en este estado de desesperación, debo mantenerme abierta a la posibilidad que mis pensamientos me puedan llevar a vislumbrar las cosas eternas y hacia la felicidad futura. Me ayuda el saber que esta condición triste en la que me encuentro, es incierta y que probablemente desaparezca pronto. Desapego, no indiferencia, debe ser mi modo de pensar preferido. El dolor estará siempre conmigo. Cristo ha vencido todos los males, la tristeza e inclusive la muerte. Es importante que yo sepa, que al igual que yo no soy mis pensamientos, tampoco soy mis estados de ánimo, ni mis sentimientos. Los pensamientos, los sentimientos y los estados de ánimo van y vienen.

Mantenerme en la segunda renunciación, por medio del control de mis pensamientos, significa mucho más que el superar la tristeza o cambiar un modo de vida de pecado. Consiste en estar consciente en todo momento de la verdadera naturaleza de la realidad. En mi vida espiritual tengo que independizarme de mis sentidos físicos para poder descubrir la plenitud de la vida por intermedio de mis sentidos espirituales. La depresión me lleva dos pasos en una dirección equivocada. Me muestra el lado ilusorio de la muerte y filtra una vida de fe. Una vida sin fe destruye el dinamismo fecundo en cada momento y en la totalidad del cosmos.

La persona que padece lo que ahora se conoce como depresión química, que está más allá del alcance de la práctica espiritual normal, especialmente de las prácticas profundas, como la meditación, debe practicar la fe tanto como le es posible. El sobrellevar este período de oscuridad, la puede preparar para la tercera renunciación, donde uno se abstiene del apego a la imagen que se tiene de Dios. La persona deprimida ha experimentado lo que es ver sin imágenes, habiendo fijado la vista en el abismo oscuro de la nada. No obstante, inclusive para esta persona, hay un gran don al otro lado de lo que llamamos "realidad,' siempre que se mantenga esperanzada en esta oscuridad. Cuando siento tristeza, debo rezar para tener esperanza, para tener fe, mientras la oscuridad se levanta y puedo reconocer la belleza en las cosas más pequeñas.

En el camino espiritual, puedo superar mis tendencias hacia la gula, la lujuria, el deseo de poseer las cosas, la ira e inclusive la depresión. Durante mi vida sentiré el inmenso tedio de cumplir con mi trabajo interior. Casi todos los que siguen seriamente en el camino espiritual, atraviesan por un periodo extendido de aridez espiritual. En la antigüedad, este "diablo del medio día" se llamaba acedia.

Capítulo 7

Sobre la Acedia

L A ACEDIA es el cansancio del alma. El corazón está angustiado. La tristeza y la ira acongojan la mente. La comida, las cosas y el sexo agobian el cuerpo. Pero la acedia se introduce en el alma misma. Los ermitaños y los habitantes del desierto, tenían mucha propensión a esta aflicción. A los buscadores espirituales, con frecuencia la acedia les acontece en el ápice de su vida. Se conoce como la crisis de la edad media. Se le compara con la fiebre, que normalmente se eleva hacia el atardecer. La acedia causa un cansancio profundo.

En el modo de pensar común, se ha llegado a identificar la acedia, como un cansancio del cuerpo, como una pereza mental y no como lo que realmente es: una enfermedad del alma. El Nuevo Catecismo Católico define la acedia como pereza espiritual. El problema con esta definición, es que da la impresión que la acedia es una actitud mental y que no llega a ser una enfermedad en sí, una enfermedad del alma. El Catecismo sigue diciendo que la acedia llega al extremo de forzar a una persona a no aceptar la alegría que proviene de Dios, y a rechazar las bondades divinas.[25]

En uno mismo, es muy difícil poder identificar la acedia. Empieza con una experiencia vaga de desasosiego con todas las cosas espirituales. Mi mente está ociosa y mis pensamientos disminuyen. Al principio no experimento pensamientos negativos deliberados; sólo siento un desagrado al pensar en cosas espirituales. Pronto, en vez de tener un deseo que me lleva a los pensamientos (sobre la comida, el sexo, las cosas), entro en un estado en el que no pienso, que me proporciona el deseo de abandonar todo lo relacionado con el pensar sobre asuntos espirituales. Las Escrituras, las lecturas sobre los santos, los ritos y los compañeros piadosos me resultan repulsivos. Este estado de no pensar me pone en un estado de mal humor extremo. Es una experiencia negativa que aleja mi alma de cualquier pensamiento, ya sea malo o bueno. Mi habilidad de discernir se adormece y se apaga, separándose de la razón y del consciente.

Es difícil exagerar la seriedad que tiene la acedia para aquéllos que buscan el camino espiritual. Si uno no supera la tristeza y se suicida debido a la depresión, esto significa nada más privarse de su vida debido al estrés mental. Si se le da rienda suelta a la acedia, nos quita la inclinación y el mérito de la vida eterna. Es la muerte del alma. Está relacionada con nuestras expectativas de la vida después de la muerte. Cuando uno se rinde a la acedia, se rechaza el enlace espiritual que tenemos con Dios. No se puede comparar la acedia con la ignorancia. En la ignorancia, uno va por la vida sin darse cuenta, indiferentemente. La acedia lleva a un buscador espiritual serio, que ha sido entrenado, que tiene cierta disciplina obtenida por las prácticas, a rechazar voluntariamente su vida con Dios.

Las enseñanzas de Casiano sobre la acedia, la identifican como un pensamiento secundario, en vez de sólo "un pensamiento," debido a que la acedia es un pensamiento sobre un pensamiento: ¿Por qué tengo que hacer todo esto? ¿Por qué debo hacer todo este trabajo tan difícil en mi viaje espiritual? El salmista se refiere a este pensamiento como "el diablo del medio día ... el miedo a los terrores de la noche, la flecha que vuela de día, la plaga que merodea en la oscuridad, la calamidad que causa estragos a la luz del día" (Sal 91:6). Oigo dentro de mi cabeza el estribillo constante ¿Para qué sirve todo esto? Mi trabajo, mis oraciones y mis vínculos prosiguen normalmente, pero no me brindan ninguna satisfacción. El tiempo pasa lentamente. Tengo la tentación de abandonar la vida religiosa, la vigilancia interior, la travesía espiritual. Con frecuencia, intento que otras personas abandonen el monasterio o los alejo de su propia travesía espiritual.

Esta etapa en nuestras vidas es muy peligrosa, ya que todo nuestro mundo conocido está en peligro: abandonamos matrimonios, la profesión monástica, las obligaciones sacerdotales, justamente en el punto en que todo esto empieza a ser beneficioso para el alma. La sección de Casiano sobre "los pensamientos de acedia" habla sobre la enfermedad del alma. No se refiere ni a la mente ni al cuerpo, pero al alma, que está fatigada de hacer el bien, de hacer cualquier cosa. Esta aflicción se parece a la depresión, pero no es tan negra. Al principio, es de muy difícil detección. ¿Podría ser un caso de indiferencia, de apatía? Podría inclinarme a desecharlo como un caso de indolencia o tal vez podría ser el síndrome de fatiga crónica.

El pensamiento de acedia me incita a desear abandonar el monasterio. También puedo desarrollar una pasión de retornar a mi vida egocéntrica. Crea un nivel de energía bajo que se suma al conflicto, porque no tengo la fuerza de luchar contra este pensamiento. Estoy desorientada. Un mal humor se posesiona de mí, como si fuera una oscuridad impura. Con frecuencia, retrocedo a un modo de vida muy superficial de corta duración debido a que reacciono positivamente por la gracia de Dios. También es posible que dure mucho tiempo, dentro del cuál puedo terminar mi vida sin haber hecho ningún esfuerzo para moverme hacia mis metas espirituales. Hasta la muerte llega en cualquier momento. La verdadera tragedia es que si estoy bajo la influencia de la acedia, puedo morir durante este tiempo en el que no estoy realmente viviendo.

La descripción de Casiano sobre la tradición monástica está dirigida a los monjes, pero también sirve de enseñanza a todos los practicantes.[26] Casiano nos dice que la acedia se apodera del alma del monje. El pensamiento de acedia nos ocasiona una aversión al lugar donde estamos y repugnancia hacia nuestra celda. Este desdén crece hasta llegar al desprecio de los hermanos que comparten su morada, como si ellos fueran descuidados o carecieran de vida espiritual.

La acedia convierte al monje en un ser perezoso, indolente sobre toda forma de trabajo. Piensa que no hay otra alternativa más que visitar a los huéspedes o a los otros monjes, o tal vez dormir en cualquier momento del día o de la noche (*Inst.* X.3). Esta aflicción convierte al monje en un ser inservible para cualquier trabajo espiritual. Ya no toma parte en las oraciones comunales, como tampoco ora en su celda. No puede permanecer en su celda, como tampoco puede hacer *lectio*.

Con frecuencia gime, diciéndose a sí mismo "No puedo ayudar a la gente si me quedo aquí." Se queja y suspira porque está convencido que no puede dar frutos espirituales mientras permanezca en su comunidad.

Se queja porque se siente separado de las ganancias espirituales. "Siento que no soy ninguna ayuda en este lugar." Se imagina que si él fuera el abad, cambiaría todo, aunque verdaderamente no tiene el poder suficiente para tener influencia. Cree que sería más útil a muchas más personas si él se encontrara en otro lugar.

Este monje habla sobre un monasterio distante. Lo describe como un lugar mucho más beneficioso y mejor adaptado para su salvación. Se imagina que esta comunidad remota y la conversación con los monjes extranjeros, es más placentera y más llena de vida espiritual. Casiano nos dice que este monje es "grosero." Cree que no hay nada bueno ni edificante en su propia comunidad. Se queja que la comida es escasa, que él nunca se sentirá sano si permanece en esta comunidad. Piensa que tiene que salir de ahí, que se enfermará y morirá si se queda. Sugiere al abad que le permita ir a visitar a sus hermanos enfermos que viven cerca o en lugares lejanos. Habla de voces interiores que lo llaman a ciertas tareas religiosas o a ciertos oficios religiosos. De pronto se acuerda de un pariente que necesita ayuda. Hace visitas frecuentes con o sin invitación. Piensa: "Sería un verdadero trabajo de devoción el visitar a esta monja o a esta persona religiosa que está dedicada al servicio de Dios. Está sola y no tiene familia que la mantenga" (*Inst.* X.2).

La acedia causa que algunos monjes se muevan en forma desordenada y que empiecen a entrometerse en las vidas privadas ajenas. Los que padecen de acedia no están trabajando ni andando de acuerdo a las tradiciones monásticas. Son inquietos, se alimentan sin sentido. Este monje con su alma enferma decide que puede dedicarse al servicio del prójimo, en vez de permanecer en su celda sin hacer nada. Sólo quedan las preguntas de cómo dejar el monasterio, a dónde ir, y cuándo le conviene abandonarlo.

Si no abandona el monasterio, permanece ahí, pero sólo "vegeta." No tiene ninguna energía. Tiene un cansancio crónico. Tiene hambre, está débil, rendido, tan cansado como si recién hubiera terminado un viaje arduo. Tal vez siente que ha trabajado duramente, o que recién ha terminado con su ayuno de dos o tres días (*Inst.* X.2).

Casiano continua: El monje que sufre de acedia, titubea y suspira. Quiere encontrar algo útil en que invertir su tiempo. Si no tiene visitas, sale a contemplar la puesta del sol, que para él es muy lenta. Duerme rendido, como si lo hubiera atropellado un tren. Escapa de su celda sólo para volver a ella en peor estado que antes, hasta que se da cuenta que no puede más y decide fugarse. No solamente se fuga del monasterio, también se aleja de su propia alma. Como un soldado que se convierte en desertor, se "enreda en negocios seculares." Casiano llama a esta aflicción una maleza del alma. Obstruye la contemplación. "Mi alma dormía de puro cansancio." Este monje no está cansado corporalmente, sin embargo, *su alma se durmió*. No le queda ni la habilidad de la contemplación, ni la agudeza de los sentidos espirituales.

Vemos que este monje desafortunado se aleja poco a poco de su celda. Empieza a olvidarse que la meditación y la contemplación son los propósitos de su vida. Finalmente, todos los dones interiores que ha obtenido por medio del silencio y de la oración, se evaporan. Esta maleza del alma es fatal, es mucho peor que el suicidio. Este monje enfermo escoge desviarse de la salvación de su alma (*Inst.* X.3).

Juan Casiano aconseja a sus monjes sobre lo que deben hacer cuando los atormente el pensamiento de la acedia. Si prestamos atención, encontraremos mucha sabiduría en sus palabras. Les dijo que vuelvan a dedicarse al trabajo, en todo sentido. Trabajen con sus manos y estén atentos en el trabajo, en vez de rememorar o pensar en deseos y sueños (*Inst.* X.7). Retornen a sus prácticas espirituales de su vida comunal. Controlen la tentación de pensar que están espiritualmente más avanzados de lo que verdaderamente están. Puede ser que el beneficio de la disciplina esté empezando a surtir efecto en tí, pero como te consideras una excepción, crees que las reglas del diario vivir no son dignas tí. Regresa al entrenamiento una vez más, haciendo ayuno, custodiando tu corazón, manifestando tus pensamientos y discerniendo con devoción. Expulsa el deseo de dormir excesivamente y de evitar los trabajos espirituales y físicos. Cautelosamente discierne sobre el deseo que tienes de alejarte de la rutina diaria por causa de alguna disculpa piadosa.

Casiano dice que la mejor forma de conquistar la acedia, es invertir todas las tendencias que nacen de este pensamiento. Permanece en tu celda, pero evita la ociosidad y la pereza. Resiste las inclinaciones de inquietud y de hacer viajes. Substituye la manera haragana de trabajo por una de concentración y de atención cuidadosa. Evita visitar a otras personas sólo para distraerte o apaciguar tus necesidades insensatas. Dedícate a practicar el hábito de moderación en la comida y en la bebida. Conténtate con el trabajo que se te da. Protégete de ocupaciones peligrosas.

Cuando una persona se da cuenta que tiene tendencias a esta aflicción, lo mejor es evitar tener contacto con otra persona que tiene acedia. Retírate de los hermanos que son desordenados: aquéllos que no llegan a sus trabajos a tiempo, aquéllos que no están encaminados en las reglas de la tradición, de los que son "deshonestos," como aquellas personas que no se rigen a un horario para salir, para visitar y para hablar. Está siempre en guardia con los hermanos que comen pan en forma desmedida. Acuérdate que el silencio se desvanece cuando comienza la charla. El silencio incluye una regla de caridad. El romper el silencio cuando alguien necesita ayuda, es una cosa, pero el romperlo con el propósito de que otro monje se distraiga en su vida interior, es algo completamente distinto. Toma el tiempo necesario para comprender al que está afligido por la acedia, de tal forma que esta persona esté dispuesta a escuchar los consejos. Ofrece caridad abundante y enseña con tu ejemplo.

Tómate el trabajo de mantenerte callado. Ocúpate de tus propios asuntos. Trabaja con tu propias manos. Trabaja honestamente para aquéllos que lo necesitan. Controla tu deseo de poseer las cosas del prójimo. Abstente de dedicarte "mucho tiempo" a tí mismo, porque en vez de restaurar tus energías, el tiempo libre puede destruir tu diligencia, perpetuando la indolencia espiritual. Por lo tanto estudia y serénate (*Inst.* XI.21).

Muchas veces, se compara la acedia con una prenda de vestir que originalmente servía para proteger tu cuerpo. Ahora se ha convertido en una ropa gastada, comida por las polillas. La ropa que se te dio en el bautismo, simboliza esta protección, demostrando que tú estás vestido con el "vestido de la salvación." Tanto el hábito monástico, como el uniforme de trabajo, indican el trabajo serio que estás dedicado a hacer en tu vida espiritual. La ociosidad está en contra de este modo de vida de dedicación. Gasta el vestido y crea muchos males.

Bajo el manto de la ociosidad, el trabajo interior se marchita y muere. Perdemos el interés en nuestros estudios. La práctica del silencio nos parece una pérdida de tiempo, ya que no sucede nada que tenga valor. Solamente oímos nuestras charlas internas. Ahora podemos darnos cuenta del problema que era la acedia para los monjes y monjas del desierto. Ellos experimentaban una quietud absoluta. Se habían retirado de todas las actividades que les recordaba su modo de vida anterior: posesiones, vínculos, profesiones. Como los buscadores modernos, ellos también se cansaron, después de unos años, del trabajo interior, difícil y persistente. Estaban tentados de abandonar todo. Aprendieron que el trabajo interior es mucho más exigente que el trabajo físico o social. Sus egos se agitaban en estas circunstancias. No tenían ninguna ratificación del mundo exterior para este tipo de actividad.

Como una medida correctiva, Casiano hizo hincapié sobre la importancia de crear un ritmo para trabajar y para orar. Se sabe que el ocio es el enemigo del alma, de forma que se instruía a los monjes a que alternaran su tiempo entre trabajos manuales y lecturas piadosas. Un dicho antiguo nos narra sobre un monje que trabajaba atormentado por sólo un demonio, mientras el monje que estaba ocioso se sentía atormentado por innumerables espíritus malignos. Sin tener un ritmo para el trabajo y para la oración, las oportunidades de abandonar todo se vuelven numerosas, y la entereza para continuar se debilita.

¿Cuáles son los beneficios si se vencen "los pensamientos de acedia?" ¿Los consejos que daba Casiano a los monjes del desierto, me dicen algo a mí también? El sentimiento de no retroceder en mis prácticas espirituales es lo que separa mi intención de mi acción. El beneficio más grande que puedo recibir cuando le hago frente a la acedia, es la purificación de mi motivación. Me puede motivar, por primera vez, a hacer las prácticas espirituales por las razones correctas en lugar de por mi propio beneficio. No es suficiente el hacer lo correcto, aun cuando estamos ocupados con obras de caridad. El buscador auténtico debe hacer lo correcto por las razones correctas.

Uno de los efectos secundarios de haber conquistado la acedia, es que los trabajos manuales se convierte en una práctica espiritual. Juan Casiano aconsejaba a los monjes del desierto a trabajar manualmente para poder, de esta forma, dispersar las energías viciadas de la acedia. Les aseguró que al hacer esto, experimentarían el gozo del trabajo manual. Por lo tanto, aconsejó a los monjes a que trabajaran mientras rezaban y a orar sin cesar. Entréguense totalmente a la voluntad de Dios, aconsejó Casiano. Sufran pacientemente. Practiquen la humildad y la obediencia.

Algunas veces sucede que cuando el practicante ha estado mucho tiempo entrenándose en las cosas espirituales—practicando el ayuno, el desprendimiento de las cosas, los pensamientos castos, el discernimiento y la moderación—su alma se fatiga, se cansa. Hay un resurgimiento del ego que quiere competir por el control de nuestros pensamientos más íntimos. Orar sin cesar es una faena. La dulzura de las consolaciones espirituales se disipa. A pesar de todos nuestros esfuerzos, no se ve ningún resultado tangible. En pocas palabras, el peregrino ya se ha cansado de la travesía espiritual. Los monásticos dirían que los trabajos manuales pasan por medio de la conciencia, dándole a uno cierta distancia inicial de las prácticas espirituales. También liberan la mente de pensar, para que se pueda llegar a un estado en el que no se piensa. La mente se limpia y se vuelve pura. Para cambiar la dirección de la motivación, no hay nada mejor que las labores manuales hechas con atención.

¿Qué sucede si mi trabajo es mental y no tengo el lujo de hacer trabajos manuales? Se tiene que tomar en cuenta seriamente, el peligro que tiene para el alma la sobre estimulación intelectual. Las enseñanzas sobre la acedia, me impulsan a tomar medidas correctivas para llegar a un trabajo repetitivo y rutinario. La jardinería, costura, carpintería, cocina, pueden tener un nuevo propósito: ayudarme a llegar al estado de no-pensar. Mis tareas ordinarias, repetitivas, como la limpieza, el baño, el lavado de ropa, mantener el orden en mi oficina, pueden ser muy útiles. El caminar, guiar el auto, el ejercicio físico rutinario, también pueden beneficiar no sólo a mi físico, sino también a mi alma.

El truco consiste en la forma que uso mi mente—mis pensamientos—cuando me dedico a practicar este trabajo de mantenimiento. Cuando camino, preferiblemente afuera, debo dejar que mis pensamientos surjan y luego dejarlos de lado. Cuando hago esto, comienza a brotar la oración incesante. En el nivel consciente, no estoy pensando en nada. Estoy atento, en lo que respecta a que no estoy consciente de nada en particular. Mi mente está alerta, despierta, receptora. Mientras más evito ciertos pensamientos específicos, más salen a la superficie otras capas de mi consciente.

La *taciturnidad* es un término técnico que viene de la antigüedad. Significa el refrenarse de hablar por respeto al trabajo que está teniendo lugar en la vida interior de cada individuo (RB 6). La práctica de la taciturnidad consiste en abstenerse de decir cosas buenas inclusive a personas buenas. El propósito de esta práctica es el entrenar a la mente a pensar dos veces antes de hablar. Este tipo de silencio educa al "pensador" a no pensar. La mente lentamente aprende a descansar, a recibir, a observar y a escuchar, cuando no tengo que opinar sobre cada persona y cada tema.

El trabajo corporal alivia las presiones de la mente. Como el síntoma más grande de la acedia es que me siento incapacitado para continuar orando, los trabajos manuales me pueden ayudar a ser útil hasta que mi mente pueda volverse a concentrar. Mi cuerpo restaura el descanso a mi mente demasiado activa, volviéndola a la normalidad. El trabajo es la puerta posterior de la oración pura. No existe ninguna distinción entre el trabajo y la oración para el practicante *avanzado* que trabaja con atención. La oración es trabajo y el trabajo es oración. La motivación correcta acompaña la acciones correctas. Recuerdo una hermana en Beech Grove, que a la hora de la cena, anunció en la mesa, "Hoy aprendí que el trabajo en la cocina no se refiere a las cosas de comer, sino que es sobre la caridad."

Nuestro maestro del desierto, Juan Casiano, observó el trabajo de los monjes: algunos de ellos tenían el ritmo de hacer sólo una cosa a la vez, moviéndose con agilidad y gracia en las labores aburridas y repetitivas. Otros monjes luchaban con el "trabajo" y resistían cada uno de los movimientos. Parecía que el primer grupo de monjes trabajaba desde el centro de sus corazones. El segundo grupo trabajaba bajo un sistema de oscilaciones desenfrenadas, de pensamientos al azar que les venían de diferentes direcciones, sacando al monje de la santidad del momento. El estar consciente, atento, es un refugio a salvo. El buque ancló, el agua se tranquilizó (*Inst.* II.14).

Tal vez las enseñanzas más bellas sobre el trabajo apostólico, se encuentran en la sección dedicada a evitar los pensamientos sobre la acedia. En esa sección, Juan Casiano aconseja a sus monjes que el predicar, enseñar y curar no debe reemplazar el mandato de servir haciendo trabajos manuales. Nos sentimos desasosegados si no estamos contentos de trabajar con nuestras manos, nos dice Casiano. Los que predicamos el Evangelio, debemos de vivirlo. No debemos alimentarnos de las colectas y de los regalos, debemos conseguir nuestro alimento con nuestro trabajo y nuestro cansancio. Debemos trabajar día y noche para ser mantenidos por nuestro propio trabajo. Nuevamente se ve en esta instrucción, que debemos ser industriosos para abastecer nuestras necesidades. No las debemos recibir del almacén de la abundancia o del dinero proporcionado por la generosidad del prójimo, sino por la suma de nuestros trabajos y faenas.

¿Qué clase de trabajo debe hacer el buscador serio? Esta lista nos llega del Siglo IV: Debemos hacer el trabajo interior de paciencia y humildad. Debemos dar posada al peregrino o visitar a los prisioneros. Tenemos que acordarnos de dar al pobre que sufre de hambruna y miseria, y debemos ofrecer un sacrificio razonable y verdadero. Observen que el trabajo apostólico mencionado no está dirigido hacia nuestras familias y amigos. Aunque ellos no deben ser excluidos, la regla empírica es dar al que no puede devolver para que el servicio sea desinteresado, imitando el sacrificio de Jesús.

Esto se convierte en una gracia doble: dando como Cristo y recibiendo como Cristo. La Madre Teresa de Calcuta, reitera este tema: servir como Cristo y recibir a los pobres que nos revelan a Cristo. Lo peor que puede hacer un practicante es dar de su ostentación. La fuente de nuestra caridad, tiene que ser nuestro propio trabajo, no el dinero obtenido por la avaricia y la codicia. Para que la caridad sea pura, tiene que ser el producto de nuestro trabajo. Este tipo de trabajo tiene una cualidad íntima que actualiza las materias de fe en nuestra vida diaria.

¿Hay beneficios para el "pensamiento de acedia"? Tal vez el beneficio más tangible es el surgimiento del verdadero significado del descanso. El descanso no es lo mismo que el ocio.

Lo que el peregrino espera en el descanso, no es el ocio sino su significado y una experiencia de pureza, que nos ayudan a trascender nuestra conciencia cotidiana. Cuando quito los obstáculos de la acedia, la oración y el trabajo retornan sin ninguna rastra de actitudes negativas hacia el trabajo. Por primera vez se hace posible percibir el descanso en los trabajos manuales, en los estudios y en la oración. La tradición nos enseña que el fruto de la acedia es ese sosiego. Cuando me encuentro en paz conmigo mismo, con mis pensamientos sosegados, sin ninguna ansiedad en mi ser y perfectamente atento a lo que estoy haciendo, el descanso, el trabajo y la oración se convierten en una sóla cosa. El resultado es la pureza del corazón.

¿Cómo debemos actuar con la persona que tiene acedia? Todos los enfermos deben ser tratados con bondad. La acedia es un enfermedad. Es importante el ser siempre bondadoso hacia el enfermo de cuerpo o de mente. No obstante, porque otra persona esté enferma, no es causa suficiente para que nosotros nos enfermemos. Debemos evitar inmiscuirnos con la persona apática, como también debemos evitar absorber el ambiente de ociosidad que rodea a la persona enferma. Debemos redoblar nuestro fervor y demostrar compasión a la persona enferma. Casiano recomienda que debemos ser siempre bondadosos con el enfermo, inclusive si esta persona ha ignorado o rechazado nuestros deseos de ayuda. Si no mostramos caridad y bondad hacia los afectados por la acedia, seremos también culpables de la misma imperfección. Haz el bien, alienta al enfermo con palabras de consuelo y con palabras de enmienda.

¿Debemos disciplinar a los que padecen de acedia? Los padres nos aconsejan reprenderlos no con odio, sino hacerlo con todo amor. Esta persona no es nuestro enemigo, más bien es nuestro hermano o hermana. Es nuestra obligación el combinar el cariño de un padre con la severidad de un juez. Casiano nos dice que debemos mitigar con bondad y delicadeza la sentencia que damos con firmeza apostólica. Pero Casiano también nos aconseja evitar su compañía. Casiano nos dice, que debido a nuestros deseos y esperanzas de cambios, a veces es necesario excomulgar a la persona enferma. Este aislamiento retornará a la persona enferma al camino de salvación (*Inst.* X.15). No se olviden que siempre tenemos que ayudar al débil, pero se debe hacer esto de tal forma que siempre tengamos una red de seguridad que nos ayude. San Benito manda a un *senpectae*—un hermano sabio—para ofrecer ayuda mientras que la comunidad y el abad se mantienen firmes con los límites (RB 27:2). Lo interesante de "aislar" al miembro enfermo, es que el buscador que sufre de acedia, está tibio y de toda forma quiere irse. Si se le obliga a salir contra su voluntad, se puede destruir su ilusión que el grupo no merece sus talentos. Esto puede tener el efecto de reanimar al enfermo, causando que esta persona vuelva a sus obligaciones.

La Regla de Benito expresa claramente un sentido fuerte de grupo, de comunidad. Era un privilegio pertenecer a un monasterio. Se guardaba reverencia al individuo, pero el grupo era partícipe en el diálogo sobre la membresía de la comunidad. Un grupo comprometido ponía los límites que ayudaban a los demás a llegar a decisiones sanas. Algunas veces, un individuo discernía que debía alejarse del grupo. Esta decisión era también saludable. Los límites ofrecen un punto de partida para el diálogo. Pero, el pensamiento de la acedia, crea el deseo de alejarse del grupo, debido a que la disciplina espiritual es demasiado exigente. El monje que sufre de acedia puede persuadir a otro monje a dejar el monasterio, por ejemplo, un monje mayor puede decir a un monje novicio que "necesita compañía." El novicio puede salir del monasterio y el monje mayor permanecer en él. El Abad Moisés aconsejó al Hermano Pablo: "Huiste, pero el próximo ataque será peor. Quédate y no duermas. Resiste la tentación. Quédate." (*Inst.* X.25)

¿Cómo puedo quedarme? ¿Qué hago en mi celda? ¿Qué es y dónde se encuentra la celda para una persona seglar? Celda, es un término técnico en la tradición monástica.[27] Según Thomas Merton, el orden correcto de las cosas en la vida solitaria es el siguiente: todo está en el núcleo de la unión con Dios en la oración y en la soledad. Por lo tanto, la práctica ascética más importante es la soledad en sí y el sentarse con uno mismo en el silencio de la celda. La celda es más que un dormitorio o un lugar para dormir. Es el equivalente monástico del espacio propio para estar solo delante de Dios. Este espacio es sagrado. Normalmente no se comparte con nadie, no con el fin de estar solo, sino con el fin de estar con Dios. Mis hermanas me han enseñado las siete funciones de la celda contemplativa:

- Es el lugar que también sirve de maestro porque es en la celda donde se memorizan los salmos, la Escritura y los otros textos. Una parte de la formación inicial para los monjes y monjas benedictinos consistía en memorizar los setenta y tres capítulos de la *Regla de Benito*. Si tienes esa regla en tu corazón y la has memorizado en tu celda, las paredes te hablan cuando estás deliberando, ordenando tus pensamientos.

- Es el lugar adecuado para practicar el recogimiento interior, para hacer *lectio divina,* la Oración Centrante, sentarse a meditar y orar sin cesar. Es un lugar de descanso donde uno se abstiene de trabajar. En la sección sobre la oración pura, Casiano dice que el trabajo excesivo es el mayor obstáculo que se presenta a los buscadores que se dirigen al tipo de oración que es una absorción en Dios, que trasciende todas las imágenes (*Conf.* IX). Este trabajo excesivo, especialmente en el monasterio, se manifiesta por el exceso. Consiste en una embriaguez espiritual. La celda es deliberadamente simple, de tal forma que no requiere mucho cuidado evitando así la posibilidad del trabajo excesivo.

- Es un lugar para escuchar. Un beneficio de la rutina es que tanto la mente como el alma entran a un ritmo. El sistema nervioso cambia a un engranaje más lento. El descanso llega. Se restaura un escuchar más profundo del corazón. El término monástico, *horarium,* se refiere a este ritmo. Cada día, cada semana y cada estación tiene ciclos naturales con los que debemos estar en armonía.

- Es el lugar de la verdad. Puedo ver claramente lo que poseo, cúan pocas cosas necesito y cómo mis pensamientos llegan y se van. Es el lugar dónde siento que yo no soy mis pensamientos.

- Es un santuario personal. Este lugar seguro, me mantiene seguro en mi resolución y me encamina en la dirección de mis obligaciones, inclusive si no tengo ningún fervor. Me recuerda diariamente que el tiempo es efímero. Pronto moriré. La muerte me llega personalmente, es algo que debo hacer sóla. No puedo escapar ni de mi celda, ni de mi muerte.

- Es un lugar para dormir, para entregarse, para sentir la noche. No hay forma de explicar claramente a los novicios la importancia que tiene la celda. El dormir y el caminar gobiernan nuestro día. Para el practicante espiritual, ese lugar sagrado es un sitio donde hace sus prácticas espirituales de todo corazón.

¿Qué sucede si estoy casada y comparto un dormitorio? El matrimonio es precisamente el convenio por el cual las personas hacen juntas todo lo que hemos mencionado en el párrafo superior. En caso de muerte, prometo acompañar a mi compañero hasta su último suspiro. La pareja que ha hecho los votos sagrados del matrimonio, en la santidad de su dormitorio, puede hacer todas las funciones que en la vida monástica se hacen en una celda.

¿Qué sucede si mi pareja no participa en el camino espiritual? Es difícil el estar casada con alguien que está en otro camino, que tiene otros intereses. También es difícil estar en una comunidad o en la vida religiosa, si el trabajo interno que se hace no es reconocido ni valorado. Si uno de nosotros ha oído el llamado para entrar al camino contemplativo, no hay forma de parar estos deseos…el corazón encontrará el modo de hacerlo. La idea original del Padre Antonio, era hacerlo solo. Tal vez, este 'solo' es tú llamada radical. La celda es un lugar donde se puede llorar, solo y por otras razones del corazón que no hay necesidad de explicarlas a nadie. Las enseñanzas sobre la acedia hablan de estos momentos que pueden tener años de duración.

La acedia ocasiona un alma seca. Las lágrima nos ablandan y nos preparan para comenzar de nuevo, tal como hicimos en nuestro primer fervor. Encontramos las enseñanzas sobre las lágrimas en la práctica de la compunción del corazón (penthos).[28] La compunción, dice la Filokalia, es el estado donde uno "ha sido punzado en el corazón, donde uno se ha vuelto consciente de la distancia de Dios; donde uno tiene un sentimiento mezclado de tristeza, de ternura, de alegría, que brota de un arrepentimiento sincero" (428). La acedia es una enfermedad del alma. Es la pérdida de la conexión con las cosas espirituales. Las prácticas dejan de tener significado. La palabra "aburrimiento" no describe lo que pasa. Puede ser que la aversión o la repulsión con respecto a las dimensiones espirituales de la vida y del vivir, describen mejor los efectos de la acedia.

No obstante, la compunción nos da la sensación de haber sido golpeados, de haber sido traspasado el corazón. Se siente un dolor y un arrepentimiento profundos. La compunción no es una sensación que tiene el buscador una o dos veces, como resultado de algún incidente pecaminoso. La compunción es un estado abrasador, como cuando una está enamorado. Es una resolución, es una relación intensa con Dios que parece no tener cambios de ánimo, ni períodos de duda. Cuando estamos compungidos, nos sentimos como un pecador en constante necesidad de la misericordia de Dios.

La tradición mantiene que "el temor a Dios es el comienzo de la sabiduría." La compunción nos ayuda a llegar a una clase de temor que tiene sentido, no a un miedo neurótico creado por el ego, pero a un temor que nos conduce hacia una relación correcta con Dios. La humildad es el vínculo apropiado para mí misma. El temor es un vínculo adecuado para la relación con Dios. La humildad es muy apropiada para nosotros que estamos trabajando en la segunda renunciación, donde quitamos todos los obstáculos entre nosotros y Dios.

Mediante el remordimiento, la compunción nos impulsa a acercarnos al amor y a la unión con Dios, sin necesidad de ocultarnos por vergüenza o por culpa. El remordimiento purifica. Nos presentamos desnudos ante Dios. Con el corazón atravesado, el peregrino tiene una sensación abrumadora de la importancia de su unión con Dios. La separación, las maldades, los pensamientos perezosos, un corazón indolente, son medios inapropiados para llegar al objeto de nuestro amor. Una vez más, el lenguaje dualístico ayuda a recordar al alma fervorosa que aún no se ha llegado al estado de unidad. Existe una distancia entre el alma y Dios. Dios llama, ilumina, y atrae al peregrino con grandes consuelos.

La buena noticia que existe, es que el arrepentimiento verdadero por las fechorías y el consentir al perdón de Dios, son suficientes para cancelar cualquier apego a la culpa. Esto es exactamente el significado del perdón de Dios. *Todo* se perdona. Por medio de la fe, abandonamos no sólo el incidente, sino también el recuerdo del mismo. Una vez más, en un instante, gozamos de una relación de gracia con Dios.

El seguir obsesionado con las acciones negativas del pasado, demuestra una falta de fe en Dios. No hace diferencia quién tuvo la culpa: yo, mis padres, mis maestros, las autoridades. Todo ha terminado. Según surgen los pensamientos, el creyente reza nuevamente con toda su fe. Si aun quedan algunos sentimientos de tristeza, son sólo pensamientos. Si el apego a los sentimientos negativos domina nuestro consciente, esto ya no es compunción, es una falta de fe en la inmensa bondad de Dios. Cristo nos pide que pongamos nuestra cabeza en su corazón y le permitamos llevar nuestra carga. El remordimiento honesto nos libera de cualquier rasgo de nuestras malas acciones. Estas noticias son tan buenas que al principio nos cuesta creerlas y gozarlas.

El remordimiento del corazón es un don perdurable de la conciencia, que no es solamente una disposición interior, pero es un estado emocional legítimo, con frecuencia acompañado por lágrimas. Estas lágrimas pueden brotar en la noche, al amanecer, durante las oraciones, en el trabajo y durante el silencio.

¿Cuál es la diferencia entre la compunción y la depresión? La persona afectada, puede recuperar de la depresión, como lo puede hacer con la acedia. La compunción es el despertar de un corazón muerto y de la experiencia de una relación genuina con Dios. No hay tristeza en el "don de lágrimas," sólo gratitud por haber sido perdonada, por estar viva, y por estar unida a Dios. La tristeza de la compunción es un dolor sano, pues se sabe que ya han terminado los momentos duros y que el pasado ya pasó. El recuerdo es consolador, una celebración de haber retornado al hogar.

¿Puede ser la compunción un recuerdo del pecado? No. ¿Cuáles son los pensamientos correctos para alguien que ha despertado de la dureza del corazón y que ahora tiene el don de las lágrimas? Las lágrimas se convierten en plegaria. Cuando sentimos las lágrimas, nos abstenemos de analizar nuestra niñez, nuestras relaciones importantes y episodios traumáticos. El pasado no existe, nunca existió. Cuando brotan las lágrimas, debo dejarlas correr sin hacer comentarios. Las lágrimas son el lenguaje del alma. Las palabras son el idioma de la mente. Cuando estoy llorando silenciosamente en mi corazón, tomo más tiempo para el silencio, las vigilias y las oraciones. Cuando las lágrimas brotan, respiro profundamente y descanso. Sé que estoy nadando en una corriente sagrada donde muchos ya han estado antes. No estoy sóla, no estoy loca, ni estoy en una crisis nerviosa. Es un dolor dulce. Mi corazón trabaja. Mi alma está despierta.

¿Es la acedia lo mismo que la noche oscura de los sentidos o que la "noche oscura del alma?" San Juan de la Cruz vivió mil años después que Juan Casiano, y vino de un sistema filosófico diferente sobre el pensamiento. El punto común de ambas tradiciones, es que tanto la acedia y las noches oscuras, ofrecen el beneficio de purificar nuestra motivación. Ambas tradiciones avanzan al peregrino en el viaje espiritual. Pero la acedia y "las noches oscuras," discrepan en cierto modo, en la forma que han sido manifestadas de acuerdo con sus descripciones.

La acedia ataca cuando se llega a lograr cierta madurez espiritual, mientras que las noches oscuras suceden sólo después de haber alcanzado en la vida interior una relación refinada, delicada, profunda con Dios. Las noches oscuras son pruebas para los *avanzados* espiritualmente. La acedia acosa a los que están haciendo la segunda renunciación, la renunciación de los pensamientos. Los que experimentan las "noches oscuras," son los que están haciendo la tercera renunciación, dejando que sus pensamientos pasen y renunciando a sus imágenes de Dios. Por esta razón, es preferible relacionar la acedia con el experiencia de inercia espiritual. Las noches oscuras son las pruebas de los que están más avanzados espiritualmente.

Es conveniente que ahora haga un aclaración. Los pensamientos pasan por nuestra vida en ciclos, una y otra vez, pero existe una gradación o escalonamiento entre ellos. La explicación de esta gradación se debe al genio de las enseñanzas sobre los pensamientos de Juan Casiano y Evagrio. Los tres estados clásicos del alma son el purgativo, el iluminativo y el unitivo. La segunda renunciación pertenece al estado purgativo. Desde el punto de vista de Origen, uno no empieza la travesía espiritual hasta no haber renunciado al modo externo de la vida anterior. Después, el viaje interior tiene tres fases: purgativa, iluminativa y unitiva. Las noches oscuras, descritas tan apropiadamente por Juan de la Cruz, son la purificación del estado iluminativo, desde donde el alma se mueve hacia la unión o la consumación de la tercera renunciación: abandonar todo, inclusive el pensamiento de Dios. Se sabe muy poco de estos últimos estados porque los que han alcanzado llegar, mantienen silencio. Mantienen "el silencio en la Presencia" como nos dice Abhishiktananda.[29]

La aflicción del "pensamiento de acedia" me impulsa a abandonar la senda de la peregrinación interior hacia Dios. Es una realidad: si fracaso en mi lucha con los pensamientos de comida, de sexo, de cosas, de ira y de tristeza, puede ser que nunca me aflija la acedia, puesto que, si no estoy haciendo el trabajo del alma, no se fatigará mi alma.

Según seguimos progresando en el viaje espiritual, nuestro entrenamiento avanza más y más. Si mantenemos el mismo camino, tenemos que aprender lecciones más y más difíciles. "El pensamiento de vanagloria" es pernicioso. Es la aflicción siguiente que enfrenta el practicante que continua hacia adelante.

Capítulo 8

Sobre la Vanagloria

EL SÉPTIMO PENSAMIENTO es "sobre la vanagloria." Esto significa que uno se acredita las buenas acciones. El significado de gloria es la presencia misma de Dios, la vida misma de Dios en mi alma. ¿Cómo define Juan Casiano la vanagloria? El dice que es hacer lo correcto, pero por la razón equivocada. Las justificaciones generalmente están basadas en el envanecimiento de la persona, que llega a creerse más de lo que es. Además, nos dice Casiano, es difícil detectar la vanagloria en otra persona, ya que presenta un aspecto perfecto. Es muy difícil también, detectarla en nosotros mismos, porque para entonces estamos envueltos en una nube de decepción. La vanagloria está directamente relacionada con mi motivación. Como la acedia, que trae a mi conciencia pensamientos sobre los que estoy pensando y haciendo, la vanagloria también es conocida como un pensamiento secundario. No tiene nada que ver con lo que yo hago, más bien, tiene que ver con lo que yo pienso cuando lo hago. La palabra 'vano' se refiere a la nada, a la ilusión, al vacío. ¡El falso yo se atribuye el crédito de algo que no hizo! La vanagloria tiene que ver con lo que los demás piensan y cómo se es percibido por los demás. De hecho, me percibo a mí misma por medio de lo que los demás piensan de mí.

Muchos directores espirituales son incapaces de percibir esta aflicción. Casiano hace énfasis en que existen directores inexpertos que inadvertidamente alimentan el ego de otra persona, en vez de guiarla a través y al exterior de esta aflicción, como lo harían con los pensamientos de sexo, comida o cosas. Consiguientemente, nos engañamos más a nosotros mismos, creyendo que estamos iluminados y que somos santos. Inclusive, nos convertimos en líderes y llegamos a ser más peligrosos tanto para nosotros mismos, como para los demás. El engaño de sí mismo abunda, y lo peor es que los seguidores pueden ser guiados por caminos equivocados.

La vanagloria es lo opuesto a la tristeza. Estas dos aflicciones son los lados opuestos de la misma moneda. En la tristeza, me rebajo. En la vanagloria, me creo superior. La práctica de la humildad es el no estar ni tan alto, ni tan bajo. La práctica de pensar correctamente consiste en atribuir a la bondad de Dios cualquier gloria o distinción que veo en mí misma. Es digno y apropiado el ser agradecido. Pero, si bajo la influencia de engañarme a mí misma llego a ser demasiado confiada, entonces me convierto en 'vana.' La vanagloria se llama presunción cuando me creo mejor que los demás. Si abrigo pensamientos vanos sobre mis aptitudes y me creo superior a los demás, a la larga, pierdo mi sentido de discriminación. Soy incapaz de distinguir la gracia de Dios de mis propios esfuerzos.

Mientras que el alma humana vivifica tanto el cuerpo como la mente, el Espíritu Santo vivifica el alma, que es la morada de Dios. Por lo tanto, el acreditarme méritos por lo bueno en mi alma es usurpar la presencia del Espíritu Santo. El "pensamiento de vanagloria" es un parloteo introspectivo en el que me atribuyo todo lo bueno que hago. Tengo pensamientos grandiosos sobre mí misma. La vanagloria reemplaza a Dios conmigo misma como el objeto de adoración.

No se puede exagerar lo suficiente la importancia de la palabra 'gloria' en la antigüedad. Bruno Barnhardt, O.S.B. Cam., nos recuerda que cuando Jesús dijo que él era la gloria de Dios, significó que él personificaba totalmente a Dios como hombre. Cuando él nos invitó a compartir esa vida, nos invitó a entrar a la gloria de Dios. No existe una palabra en nuestro idioma que nos demuestre claramente la importancia del significado de esta invitación para todos nosotros. La gloria es la experiencia de la presencia de Dios. Esta manifestación es perceptible tanto en la nube que llenó el tabernáculo en el desierto, como en la columna de fuego que guió a los israelitas en el desierto, o como una persona en el templo. Barnhardt continúa explicando que esta gloria es una realidad concreta, una aparición, una presencia palpable. Dios se somete a la experiencia humana, pero al mismo tiempo, la abruma. La labor de Jesús—desde su encarnación hasta su muerte y resurrección—es llevar a la humanidad a la gloria de Dios, o vice-versa, manifestar la gloria divina en el cuerpo humano, convirtiendo en inmanente la gloria divina en la creación.

La gloria, nos dice Barnhardt, es la canción que brota de las palabras del Evangelio. Es la llama que surge dentro de mí cuando la palabra toca mi corazón. Y es Dios—exceso, puro regalo, ser trascendente, más íntimo para mí que mi propio ser con todas mis propias luchas y resistencias. Gloria es lo que resplandece en los extremos de la experiencia: en las cimas y en las profundidades de la vida. Todo en el mundo se dirige hacia la gloria en su florescencia, en su transformación en llama, en su verdad. La vergüenza es lo opuesto a la gloria, es un conocimiento terrible de nuestro destino, la desnudez horrenda que sentimos cuando estamos sin nuestra vestidura de luz. La belleza es el imagen de la gloria, la luz de la eternidad sobre el rostro del tiempo.[30]

Sin un sentido de adoración y de reverencia, la palabra *gloria* pierde el poder de comunicar un sentido de Dios en la vida interior. Si estoy afligida por la vanagloria, me atribuyo a mí misma lo que le pertenece a Dios, específicamente, la gloria. Si me atribuyo lo que es de Dios, soy vanidoso. Esta aflicción ataca la parte espiritual de los que buscan seriamente. Acongoja a las personas que ya han demostrado que no pueden ser engañadas por los vicios carnales. La vanagloria es una herida propia de los *avanzados* espiritualmente. Sutil y delicadamente, bajo la influencia de este séptimo pensamiento, tergiverso la verdad con el objeto de moverme hacia mí misma, en vez de ir hacia Dios.

Juan Casiano describe la experiencia del "pensamiento de la vanagloria" en las personas que buscan a Dios. Luego de haber pasado años practicando todas las virtudes, para luego atribuirnos a nosotros mismos la vida virtuosa como si la hubiéramos obtenido por nuestros propios medios, como si ya no necesitáramos más a Dios, pone en peligro, espiritualmente, a la persona que busca la pureza de corazón. Bajo la influencia de *apatheia*, se calman los pensamientos y surge Dios. Si en la quietud del corazón emerge el falso yo en vez de Dios, los poderes espirituales de penetración aguda y de suma concentración pueden parecer válidos, pero serán brutalmente devastadores. La última etapa, el orgullo, es cuando empiezo a actuar mal, por las razones equivocadas. Pero el orgullo comienza con la vanagloria, cuando haciendo todo correctamente por las razones equivocadas, empiezo a apropiarme de lo que le pertenece a Dios.

La vanagloria puede presentarse exteriormente en muchas formas: el atuendo, los modales, la forma de andar, la voz, las vigilias, los ayunos, oraciones, lecturas. También puede tener muchas formas interiores: silencio, obediencia, humildad, paciencia. El engaño a sí mismo que ocasiona la vanagloria es como una piedra escondida bajo el agua. Si el piloto no está alerta, causará el naufragio del buque. La vanagloria ataca justamente después que he llegado a creer que he convertido las virtudes en mi modo de vida. Es una enfermedad que viene de la derecha (impulsos buenos) y de la izquierda (impulsos negativos). Viene de la derecha debido a que me halago a mí misma sobre el éxito de mi práctica. Ataca la izquierda porque termino glorificándome en mi vergüenza. "Nadie es tan malo como yo." El ser el peor pecador es el glorificarse a uno mismo sobre nuestras maldades, el ser más digno que los demás para recibir el perdón de Dios. De cualquier forma, esta vanagloria envanece el ego.

La vanagloria es muy sutil. Si me refiero a la comida, empiezo a creer que mi ayuno es mejor que el del prójimo, inclusive mi moderación sobre la comida y la bebida, es una moderación superior que el camino del medio que siguen los demás. Los pensamientos extremos, ya sean positivos o negativos, dan el indicio que estoy afligida por este pensamiento.

Cuando soy muy apta en mi práctica espiritual y me atribuyo a mí misma el mérito de mi virtud, esto es vanagloria. Puedo engañarme a tal extremo que me honro a mí misma de ser tan humilde. Puedo mostrar mi conocimiento en una forma elegante, o demostrar la práctica del silencio en forma tan solemne y prolongada para hacer ver que esta práctica es superior a las demás. El ayuno también es una fuente de orgullo. "Puedo hacer lo que se me ocurre" es una actitud peligrosa para el alma. El rehusar ser homenajeado, o el ser modesto, pueden ser señales de vanagloria. Cuando se hace por las razones correctas no significa indiferencia, significa humildad.

La Madre Teresa rebozaba de humildad, no de vanagloria. Se reunía con los ricos y famosos, jamás se avergonzó de su apariencia, pero sí habló de ser como un lápiz: un instrumento para hacer el trabajo de Dios. Nunca se alabó, como tampoco se rindió homenaje a sí misma.

Casiano narra la forma que la vanagloria puede manipular inclusive al buscador sincero: Para no pecar de vanagloria, él evita las oraciones largas frente a los demás, aunque en realidad fue su altanería la que lo motivó a hacer esto (*Inst.* XI.4). Muchos santos nos cuentan que ellos también interrumpieron sus prácticas espirituales, porque si eran observados por otras personas, podrían haber sido alabados y ese elogio podría írseles a la cabeza. Llegaron a la conclusión que era mejor no hacer estas prácticas, puesto que semejantes acciones podrían convertirse en un vicio o en una virtud pervertida, debido a la posibilidad de caer en la vanagloria.

Casiano considera este modo de pensar como una jugarreta que alienta a uno a resistir las prácticas espirituales, con la excusa que no es verdaderamente bueno para el alma el hacerlas bien. Cuando se sigue avanzando en el viaje espiritual, el discernimiento es absolutamente necesario, porque las cosas buenas pueden parecer malas y las cosas malas pueden parecer buenas. Casiano recomienda que se discuta el problema con una persona de madurez espiritual que pueda ayudarnos a ordenar el proceso de discernimiento.

La vanagloria puede penetrar todos los beneficios que he obtenido por medio de las practicas espirituales. La soledad no puede conquistar este pensamiento. Me persigue y me envanece debido a mi forma ejemplar de perseverar en el trabajo y en mis labores. Mi prontitud extrema para obedecer, me hace descollar en humildad, en conocimiento, en lectura y en vigilias en relación a mi prójimo. La avaricia espiritual me brinda grandes alabanzas.

Este vicio se infiltra por todas las virtudes. Ando por todo el camino exaltado por el éxito, impresionado por mi grandeza. Mis triunfos y el esfuerzo excesivo que trasciende los límites del refrenamiento de mí misma, me hacen fracasar. Corro tan rápido y estoy tan tensa, que empiezo a ponerme metas que están fuera de mi alcance. He escalado mis austeridades al punto de crisis. Me desplomo. Luego paro todas las prácticas. Si sigo practicando, corro el peligro de tener éxito. Todo empeora mientras más practico. Inclusive con la práctica asidua de la vida espiritual, se pueden generar más tentaciones que alimentarían el pensamiento de vanagloria. Si conquisto una vez la vanagloria, la tentación se vuelve más aguda. Si conquisto la vanagloria temporalmente, y luego celebro el éxito como mi propia victoria, sigo cavando más profundamente esta aflicción insidiosa.

Casiano nos dice que el ser mayor y más maduro, no es ninguna ayuda. Si en mi madurez sigo viviendo en el desierto, el pensamiento de vanagloria puede penetrar todas las barreras, estimulado por el logro de las virtudes. La vanagloria es un pensamiento hábil, diligente, y se alimenta del éxito, cosa que provee más combustible para la vanidad. Debido a que la vanagloria está mezclada con las virtudes, resulta mucho más peligrosa. Llega bajo el manto de la noche. Me sorprende. El éxito y la prosperidad son peligrosos. Bajo la influencia de la vanagloria me vuelvo tan confiada que ignoro los tres guías que me ayudaron tanto en mi pasado: mis maestros, las Escrituras y mi experiencia. Bajo la influencia del engaño a mí misma, ignoro los tres guías, adhiriéndome en su lugar, a lo que el ego desea y considera importante. Las cosas espirituales son ineficaces cuando el maestro recomienda lo que no ha vivido e intenta instruir a sus oyentes con palabras huecas o cuando el oyente es una persona llena de faltas y no puede recibir en su corazón endurecido las enseñanzas santas y salvadoras del maestro espiritual (*Conf.* XIV.18).

La mente da grandes saltos. Puedo hacer esto o aquello porque siento que debo ayudar a esta persona o a la otra. La presunción lleva mis deseos más y más allá. Se presenta un síntoma de la etapa final cuando pienso que ya he hecho todo lo que todavía es necesario hacer en la vida espiritual. "Ya no necesito ayunar, orar, ni hacer las prácticas de la vida espiritual." Me coloco en un nivel más elevado del que mi alma ha evolucionado. "No ambiciones ser llamado santo antes de que lo seas, primero se santo para ser verdaderamente conocido por santo (RB4.62).

La vanagloria puede afligirnos tanto en privado, como en la vida comunal. Si se prefiere la soledad, no existe la oportunidad de llenarse de vanidad que nace de comentarios exteriores. No obstante, hay que tener en cuenta que si se vive en una comunidad, hay más ocasiones para convertirse en vanidoso.

Juan Casiano previene a los monjes sobre las formas más comunes en que la vanagloria se puede apoderar de ellos: Tengo buena voz, de tal forma que canto mejor que los demás. Mi cuerpo está o emaciado o luce más ascético que él de los demás, o tengo una buena figura que llama la atención. Puede ser que venga de una familia con dinero, acomodada, pero he renunciado a la buena vida. Merezco más consideración porque mi familia era la más pobre entre los pobres. Me halago a mí mismo con grandezas imaginarias diciéndome que si sólo hubiera permanecido en el mundo, tendría todo, o que en pocos años más, cuando sea ordenado de sacerdote, tendré mucho éxito en ganar almas.

Casiano enseñó que al soñar despierto uno se puede ver enseñando o predicando y recibiendo grandes aplausos y aclamaciones. La vanagloria intoxica la mente. Se asemeja a un sopor profundo, a un sueño sensual que sueño despierto. Creo estar en algún lugar que no existe, y no en el presente. Habito en mis pensamientos errantes y camino en mis sueños, como si todo esto fuera verídico.

La vanagloria muchas veces se disfraza como envidia. Veo en el prójimo lo que yo deseo tener. Anhelo tener la apariencia atractiva de otras personas, buena voz, mente aguda y talentos, lo deseo con tanta fuerza que casi lo puedo saborear. Me imagino que soy otra persona. Me enfado con ellos porque tienen los dones que yo deseo tener. Me apodero de la gloria que correctamente pertenece al prójimo, en vez de dar gracias a Dios por lo dones que veo en las otras personas.

¿Cuál es la cura para la vanagloria? Casiano exhortó a los monjes a que descubran el origen de las causas y que desnuden sus pensamientos más recónditos. De nuevo aconsejó practicar la manifestación de los pensamientos (*exagoreusis*): cuando se entregan los pensamientos a un maestro sabio, juicioso, esos pensamientos pueden ser eliminados. Por medio de conferencias espirituales con un maestro sabio, se puede aprender a evitar que los pensamientos de vanagloria empiecen a echar raíces.

Erradica de raíz el motivo de la auto-glorificación, especialmente, en sus formas sutiles. Cuídate afanosamente y observa las señales de vanagloria. Se pueden observar cuando uno empieza a jactarse, a ser competitivo, contando historias inverosímiles sobre uno mismo, buscando alabanzas, o convirtiéndose en héroe. Casiano dice que la cura para la vanagloria puede empezar muy al principio en la vida espiritual. Con la vigilancia de los pensamientos, puedo editar, cambiar la dirección y alterar los pensamientos sobre mí mismo. Estos pensamientos pueden ser altos (alabanza) o bajos (depresión). La práctica de la humildad me enseña a aceptarme tal cual soy.

La vigilancia sobre mis pensamientos, es una práctica específica que me ayuda a anticipar ciertas situaciones o indicios que engendran pensamientos grandiosos (vanagloria) o pensamientos bajos de auto-estima (depresión). La guarda del corazón es la práctica que anticipa estos pensamientos y nos conduce a la oración. La oración es la barrera contra los pensamientos inoportunos. Retorna a la oración incesante. Debido a la presiones del diario vivir, a veces es imposible meditar, pero sí debemos rezar sin cesar. Cuando la oración se vuelve automática en nuestros corazones, la vanagloria deja de existir.

Casiano enseñó que pueden haber beneficios cuando se está consciente del pensamiento de la vanagloria, cuando se está alerta. El primer beneficio es el fruto del discernimiento de la llamada al servicio (*Inst.* XI.14). Si logro vencer el pensamiento de vanagloria, estoy listo para desempeñar un ministerio. Sirvo, no con el afán de mi auto-provecho sino por el bien del prójimo y de sus necesidades. Si he podido superar la tendencia a la vanagloria, puedo discernir lo que Dios de verdad me llama a hacer. Si me llama a hacer labores manuales, está bien. Si me llama a enseñar, a predicar o a sanar, está bien. Si me llama para que sea un líder, como ser un abad, un sacerdote o al servicio pastoral, está bien. La persona que busca, puede seguir la voluntad de Dios con confianza, sabiendo que su trabajo no es sólo un instrumento para ganar el aprecio de los demás.

Segundo—Puedo superar la confusión que resulta tanto de la alabanza como de la vergüenza. Como no estoy buscando ninguna respuesta, y estoy haciendo las cosas sólo para el honor y gloria de Dios, se desarrolla un equilibro interior espiritual. Puedo funcionar con los ricos y con los pobres, con la gente del pueblo o con los famosos, entre amigos y enemigos. No existe ninguna diferencia. El fruto es la ecuanimidad.

Tercero—Me doy cuenta que el vigilar mis pensamientos, ya sea cuando estoy sola o acompañada, me libera. Cuando mi motivación es para el honor y gloria de Dios y no para mi propio engrandecimiento, no hace ninguna diferencia si practico sola o en la compañía de otros. La disciplina de los pensamientos es la misma, no hay diferencia si estoy en el monasterio, en familia o en una función de la comunidad. Mientras la superación de la acedia entrena mi mente a "hacer," alternando de modo intercambiable el uso de trabajos manuales o de la oración, la superación de la vanagloria, entrena a la persona a *vivir* la vida espiritual, ya sea solo o con el prójimo. La celda es el lugar apropiado para vigilar mis pensamientos (*Conf.* VI.15). Si puedo seguir haciendo la misma práctica interior en medio de una muchedumbre, no se necesita el desierto. De tal forma, que aunque la vida solitaria me ayuda a conocer mis pensamientos, la práctica de vigilarlos puede ser un reemplazo mental de la cultura del desierto de un monje o un ermitaño.

Cuando he vencido la vanagloria, mi auto-concepto es verdadero y correcto. Lo que los buscadores modernos desean cuando intentan mejorar su auto-estima, es en realidad el fruto de haber conquistado la vanagloria y la depresión. Adquiero una apreciación de mí misma que está en armonía con mi gracia y naturaleza. De acuerdo con mi ego, no falta nada. Me siento balanceada y en paz. La gloria de Dios está presente, mis sentidos espirituales están despiertos y las iluminaciones (ver las cosas con claridad por primera vez, o estar bañada en la luz resplandeciente) empiezan a suceder en la oración. No hay rivalidad por la atención. Siento momentos profundos de unidad.

¿Qué pasa si con estas prácticas de disminuir la vanagloria también se disminuye la confianza que me tengo? Las prácticas que extinguen la vanagloria no desplazarán la confianza en mí misma, pero más bien ubicarán las buenas acciones, pensamientos o motivaciones bajo la luz de la bondad de Dios, no bajo la mía propia. Lo que es más apremiante sobre la práctica de los pensamientos, son la directivas tan enérgicas que prescriben. Si dejo de lado mis pensamientos, la gracia surge y me da las fuerzas para vivir una vida buena. No se necesita luchar por la virtud. La práctica de dejar de lado los pensamientos, revela la gracia divina, la gloria de Dios, cuya energía prevalece, y da lugar a que nazca la caridad (*Inst.* IV.43).

No existe una lista correspondiente sobre las ocho virtudes que reemplace a los ocho pensamientos. Al dejar pasar los pensamientos, emergen todas las virtudes. No puedo sacar un repertorio espiritual que me indique cuál es la respuesta necesaria. Cuando vivo con un corazón discerniente, no hay motivos ni acciones correctas que me digan lo que tengo que hacer. Simplemente, tengo un corazón lleno de amor, listo para hacer lo que sea necesario. No paso el tiempo considerando motivos exteriores. Llevo una vida cercana a mi corazón, y me guían sus susurros.

¿Qué pasa si me siento deprimida y no veo nada bueno en mi vida ni en la de los demás? ¿Acaso la vanagloria no es beneficiosa para mi auto-estima? En varios capítulos anteriores, Casiano se ha referido al tema de la auto-estima. Es importante el volver a dar énfasis a sus enseñanzas sobre la auto-estima, especialmente el vínculo entre la vanagloria y la tristeza.

El sentirse mal con uno mismo, es una forma de orgullo. Lo que me estoy diciendo a mí misma es que soy lo peor de lo peor, nadie me gana en esta falta de mérito. La actitud correcta delante de Dios es la humildad. No soy perfecta, y necesito la gracia de Dios. ¿Por qué debo sentirme bien conmigo misma? ¿Por qué debo sentirme mal conmigo misma? Todo es lo mismo. Soy. Los pensamientos, los sentimientos, las pasiones van y vienen. Los pensamientos que no analizo, desaparecen. No existen promesas en la travesía espiritual que digan que las buenas acciones engendran buenos sentimientos sobre uno mismo, especialmente si continuo elevando más y más mis expectaciones. Si consigo esto, me sentiré deprimida. La raíz de mi depresión no es debida a que mi auto-estima es pobre, es más bien que me pongo por encima de lo que es. La humildad es un trabajo arduo en el viaje espiritual. Esta verdad se hará más evidente cuando estudiemos las enseñanzas de Juan Casiano sobre el orgullo.

¿Qué sucede si he hecho algo extraordinario, inclusive grandioso? ¿No lo puedo disfrutar? Casiano aconseja que el gozo espléndido y pleno nace de los frutos de las acciones virtuosas. Los pensamientos no son ni buenos ni malos. Simplemente son. El problema con el júbilo y la tristeza es que si percibimos algo bueno, con frecuencia no es bueno. Las cosas que parecen malas, frecuentemente son beneficiosas. Los altibajos emocionales sobre lo que se cree que es bueno o que es malo, son vanos. La práctica es dar gloria a Dios y estar agradecido por todo. La práctica de la compunción (*penthos*) produce un fruto profundo que da toda la gloria a Dios y sólo pide misericordia para uno mismo.

¿Decimos entonces, que la auto-estima positiva es realmente vanagloria? ¿No es esto una negación a la vida? ¿No podría esta forma de pensar llevarnos a patrones neuróticos? Casiano hace hincapié en que la auto-estima, no existe. La identidad propia, el ego, muestran la realidad como *parece*. El viaje de la auto-estima se presenta así: me han herido y me siento apartado, dolido y abusado. Necesito ayuda, alivio, seguridad y cura. Todo esto tomará cierto tiempo, de tal forma que necesitaré más tiempo para mí misma, para trabajar con mi cuerpo, con mis sentimientos y con mi intelecto. ¿Hay alguien que se preocupe de mí, sobre lo que soy y sobre lo que hago? Necesito relaciones intimas y el consuelo de otras personas, las que verdaderamente conocen mi interior y saben dónde he estado. Nunca más seré una víctima. ¿No hay nadie que escuche la profundidad de mi dolor? Cuando estoy en la compañía de otras personas, siento que debo estar sola, pero cuando me encuentro sola, quiero estar con los demás. Necesito tener menos trabajo y menos responsabilidades mientras paso por esta confusión emocional. Ayudaré a los demás en cuanto recobre mi equilibrio emocional.

Al contrario, la procesión de los pensamientos de aquéllos que buscan a Dios, se mueve en la dirección opuesta: me arrodillo delante de Dios en reverencia y adoración. Me quito los zapatos. Mi desnudez es todo lo que tengo para ofrecer. Escuchando con el oído de mi corazón, sigo el impulso de la gracia que me libera de los vínculos que aún están rezagados en mi conciencia. Pero también me atrae la alegría y la canción. Mis pasos se aceleran hacia todo lo que amo. Si discierno que es la voluntad de mi Amado, estoy lista a entregar mi vida por mi prójimo.

Para llegar de la primera serie de diálogos sobre uno mismo, a la segunda serie de diálogos que se alejan de uno mismo y que se dirigen hacia Dios y hacia el prójimo, tenemos que practicar el trabajo simple, pero arduo, de hacer frente a nuestros pensamientos: la guarda del corazón, cuidar con atención los pensamientos, anticipar las dificultades en vez de sólo responder a ellas, vigilancia.

La participación en la gracia de Dios y en todas las promesas del Espíritu Santo, es vivir la vida en toda su plenitud. Los dones que llegan a los que escuchan abiertamente y de buena voluntad, penetran el corazón, estimulan la mente e incitan al cuerpo con una vida que va más allá de lo normal. El buscar la auto-estima en vez de buscar a Dios con todo nuestro ser, es contrario a la vida espiritual.

En síntesis, se puede prevenir la vanagloria por medio de la práctica de la vigilancia y de la oración. La vigilancia de los pensamientos y la guarda del corazón se anticipan al pensamiento de la vanagloria y a sus comentarios. La vigilancia es una práctica interior que consiste en observar no sólo lo que estoy pensando, deseando o haciendo, pero también *cómo* estoy pensando sobre los pensamientos, sobre los deseos y sobre las acciones. La vigilancia aumenta su guardia. La compunción del corazón me recuerda mi anhelo de Dios y la necesidad de mantenerme fiel a las prácticas de la travesía espiritual.

La primera capa de los pensamientos era sobre la comida, el sexo, las cosas, la ira y la depresión. La segunda capa o estrato, es el pensamiento sobre los pensamientos de esas cosas, sobre su motivación, propósito, significado e intención. La práctica de los pensamientos sobre la acedia y la vanagloria, es al pie de la letra, el estar siempre atento a nuestras intenciones. La intención de la vida espiritual es alejarse del falso yo, e ir hacia Dios. Recíprocamente, surge una relación profunda con Dios. En *Inst.* IV, Casiano hace el siguiente resumen: Podemos escalar las alturas de la perfección sin ninguna dificultad. "El principio de la salvación y de la sabiduría es, "de acuerdo con la Escritura," el temor de Dios" (Sal. 111:3). De este temor al Señor, nace la compunción. De la compunción del corazón brota la renunciación, la desnudez y el desapego a las posesiones. De la desnudez viene la humildad y cesan los deseos. Por medio de la cesación de los deseos se remueven todas las faltas; las virtudes brotan y aumentan. Por medio del florecimiento de las virtudes, aparece la pureza del corazón. Con la pureza del corazón se llega a la perfección del amor apostólico. Esta sucesión de actividades, nos sugiere que si hacemos un esfuerzo para remover los obstáculos que existen para llegar a la gracia, la vida virtuosa se levanta espontáneamente, con toda energía, abrazando todo con una compasión amorosa.

Me es importante conocer las prácticas interiores que Casiano describe para poder apartar los obstáculos que me las impiden. Es esencial estar en guardia, ser fiel a la práctica de la oración incesante, porque esta práctica silencia la charla interna que me tienta a acreditarme los éxitos de mi labor espiritual, intelectual o del trabajo físico. "Velen y oren" es lo que Jesús dijo a sus discípulos al término de su ministerio en la Tierra, cuando fueron al huerto de Getsemaní. Si accedo a la vanagloria y me acredito méritos por mis buenas acciones, emergen todas las fuerzas del orgullo. Sin la menor duda, el orgullo es el más peligroso de todos los pensamientos.

Hemos visto cómo la comida, el sexo y las cosas pertenecen al cuerpo. Analizamos cómo la ira y la depresión afligen la mente. Vimos cómo la acedia, la vanagloria y ahora el orgullo, son enfermedades espirituales del alma. El alma puede ser tanto un alma individual o un alma social, tal como el alma de un grupo o de una nación. En el caso de los tres pensamientos que incumben al alma—acedia, vanagloria y orgullo—debemos controlarlos para dar la oportunidad a que el alma se libere de la esclavitud. De estos tres pensamientos, el orgullo está peligrosamente más cerca de querer ser como Dios, determinando lo que es bueno para los demás. Las personas que han superado años de entrenamiento espiritual, encuentran que el orgullo es el más difícil y complejo de todos los pensamientos.

Capítulo 9

Sobre el Orgullo

EL ORGULLO es el más destructivo de todos los pensamientos, ya que trata de conquistar a los *perfectos*. El orgullo envenena todo mi trabajo anterior con los pensamientos, todos mis deseos y mis pasiones. Cuando tengo bajo control todo lo relacionado a la comida, sexo, cosas, ira, tristeza y acedia, empiezo a sentir que puedo lograr todo yo sola (vanagloria). Si voy un poco más allá, puedo imaginarme que soy la artífice de mi propio destino, y que tengo el derecho de determinar el destino de los demás.

Casiano describe el proceso de este modo de pensar: empiezo a pensar que las cosas que estarían mal que otros hicieran, yo las puedo hacer, porque soy tan buena. Pienso que sé lo que es bueno tanto para mí como para los demás. Como estoy sobre la ley, abandono todas las prácticas monásticas y espirituales. Ya no recibo ningún beneficio de las oraciones, del ayuno, de las reglas de pobreza, de la castidad y de la obediencia. Desde que tengo más conocimiento que los demás, no tengo que obedecer a nadie. La vanagloria, tiene que ver con lo que las otras personas piensan y mi propia percepción de esto dirige lo que hago. El orgullo tiene que ver con mi propio ser. El orgullo es quien yo soy.

Es clásica la narración que Juan Casiano pinta de una persona llena de orgullo: vemos a un monje pavoneándose, hablando en voz alta, riendo a carcajadas, tamboreando con sus dedos la mesa mientras otra persona habla, caminando altivamente, sin el más mínimo recuerdo de su vida interior, ya que sus pensamientos, acciones y pasiones son justificables. Esta persona juzga todo lo que es bueno para los demás. Con frecuencia, este monje ocupa una posición de liderazgo y domina a los demás. Su voluntad se asemeja a la de Dios. Hace cometer errores a los otros monjes para que lo sirvan. Nadie le puede dar consejos. En este estado, su conversión no es posible. Esta persona piensa y guarda sus creencias con orgullo. Se cree que sabe más que los demás. El discernimiento está fuera de lugar. Lo único que prevalece es la voluntad de la persona orgullosa (*Inst.* XII).

Hay dos clases de orgullo. El orgullo espiritual es el que está dirigido hacia Dios. Es el pecado del *avanzado,* del que ha alcanzado altos grados de iluminación pero que al final, en un desafío radical, se retrae en sí mismo y se aleja de Dios. La otra clase de orgullo, el orgullo carnal, es más común. Se describe, como una forma más diminuta del desafío obstinado. Los pensamientos del orgullo carnal afligen a los principiantes.

Sobre el orgullo espiritual: el pensamiento del orgullo que está dirigido hacia Dios, es mucho más serio que otras ofensas comunes, como la indiferencia, la ingratitud y la tibieza. Pensamientos audaces tales como el estar "contra Dios," representan el estado final de una enfermedad espiritual. Los síntomas de este estado final se presentan con el odio a Dios. Los pensamientos contra Dios que han sido estimulados por el odio, se presentan en la siguiente secuencia: tengo poderes, inclusive los espirituales. Los puedo usar para mi propio beneficio. Dios no merece mi lealtad. Es más, los otros viajeros espirituales me deben rendir lealtad. Les puedo mostrar un camino mejor que los llevará a mayores alturas de sabiduría y poder. Puede ser que Dios no exista. Dios no tiene el poder necesario para castigar a los que han llegado a esta conclusión, como yo lo he hecho. Para lo que a mí me interesa, Dios se puede condenar. Tampoco existe el infierno, el castigo eterno y la condena. Si Dios es bueno no castigaría, pero si lo hace, prefiero no saber nada al respecto.

Este es el desafío de la etapa final, ya que esta es la misma persona que renunció a su modo de vida anterior y a los pensamientos que no están dirigidos hacia Dios. Ahora está renunciando hasta al mismo Dios.

Esta *sucesión de pensamientos* pone en peligro, en forma muy seria, la travesía espiritual: he ayunado, he sido casta, he renunciado en forma total a las cosas, practico la vigilancia de los pensamientos, la manifestación de los pensamientos, la meditación, las oraciones, los trabajos manuales y todas las prácticas espirituales. Soy la misma persona que entregó su vida a Dios. Mi relato normalmente demuestra que no he controlado la vanagloria. La experiencia de despertar a esta realidad me hizo sentir sobrecogida. Debido a una decisión misteriosa y destructiva de mi voluntad, caí al precipicio y perdí la batalla, poniendo fin a mi travesía espiritual hacia la unión con Dios. El orgullo retorna a mí y me agarra con un control mucho más poderoso que antes. Me entregué a Dios para después abandonar todo. Ahora sólo tengo un punto de referencia: "yo misma." Donde antes existía la oración incesante y una atención constante a la presencia de Dios, ahora se encuentra sólo la auto-adoración, como si yo fuera Dios.

Sobre el orgullo carnal: esta segunda clase de orgullo aflige a cada uno de nosotros. El orgullo carnal me ocasiona pensamientos con una importancia fuera de lugar, exagerada. Constantemente, mi punto de referencia consiste en mis pensamientos más íntimos, deseos y pasiones y no Dios. Simplemente, vivo para mí misma. Esta clase de orgullo se ve en cada uno de mis pensamientos. Por ejemplo, tomando en cuenta la comida, simplemente no la comparto. Muchas veces el orgullo se manifiesta por medio de la lujuria y de la avaricia. Seduzco a alguien para mi propio placer, o agarro ávidamente cosas sin tener ninguna consideración de cuánto es suficiente, o de lo que el prójimo puede necesitar. La ira puede demostrar mi enfado al no haber recibido los honores que merezco. "Estoy por encima de esto." Humillo a los demás. La acedia me encuentra dedicando a mí mismo el tiempo que anteriormente dediqué a las prácticas espirituales. Tal vez pienso que "el vivir requiere mucho esfuerzo, ni qué se diga el continuar con mi vida de oraciones." De tal manera que el orgullo carnal, de la forma que lo vemos, representa el colapso de mi entrenamiento de los pensamientos y un retorno a mí misma. En realidad, no se desafía la palabra de Dios, más bien queda olvidada y descartada. Esto "no es para mí." La diferencia entre el orgullo carnal y el espiritual, es que mi identidad propia toma precedencia sobre Dios. Este orgullo no se eleva hacia Dios como sucede con el orgullo espiritual.

Casiano recalca, una y otra vez, que el orgullo es el pensamiento más destructivo, ya que puede destruir todas las virtudes. Ataca a todo el ser. No se contenta con dañar, por ejemplo, una pierna o un brazo. Derriba todo el cuerpo, la mente y el alma. Nos han enseñado que la glotonería destruye la moderación, la lujuria mancha la pureza y la ira destruye la paciencia. Algunas veces caemos en algún vicio, pero es posible mantener las otras virtudes. El orgullo tiene la capacidad de destruir a toda la persona y desnudar su alma de toda virtud.

Reflexione sobre el mito del Arcángel Lucifer. Lucifer se bañó en la gloria de Dios. Por su propia voluntad se transformó en un diablo, al pensar que la gloria era de él, adquirida por su propia virtud. Se enorgulleció y pensó que no necesitaba la ayuda divina para mantenerse en su estado de pureza. Se creyó Dios, y como Dios, pensó que no necesitaba a nadie. El mito continúa: Lucifer creía que él era el epítome de la virtud y que podía perpetuar la felicidad eterna. La caída de los ángeles y la subsiguiente caída de hombres y mujeres santos, proviene inevitablemente del orgullo. El orgullo es penetrante. Su perversidad es tan grande que la persona orgullosa convierte a Dios en su adversario. ¡Cuán grande es el orgullo! No existe ni ángel ni virtud que se le oponga. Los otros pecados se enfrentan al prójimo, pero el orgullo se enfrenta directamente a Dios.

¿Cuál es la apariencia del orgullo? ¿Cómo se puede vislumbrar el orgullo? Echemos un vistazo a otra narración de Casiano (*Inst.* XII.27): Uno de los síntomas del orgullo es la tibieza de nuestro fervor religioso. La mayoría de los monjes afligidos con el orgullo carnal aun no han renunciado totalmente a su modo de vida anterior y encuentran que disfrutan mucho más con la desobediencia. Son ásperos, no suaves ni bondadosos. Se consideran superiores a sus compañeros. Si los colocan en una posición inferior se sienten insultados. Se exasperan al ser tratados como simples mortales. Entre estos monásticos prevalece el resentimiento, debido a que la vida religiosa los ha despojado de sus comodidades materiales. En vez de sentirse libres y afortunados, están deprimidos por haber sido privados de los bienes materiales. En su vida ya no practican ni el ayuno ni el renunciamiento. Mantienen como propios los regalos que les dan. Sus ojos no ven, sus corazones no sienten. Los sentimientos están abatidos. Socialmente, son los que reciben, no los que dan.

Casiano nos dice que esta progresión va de mal en peor, mientras nos narra sobre un monje orgulloso: la avaricia se apodera de él y el monástico empieza a coleccionar cosas que nunca tuvo antes. Todos los esfuerzos por cambiar lo desesperan. Todo control se desploma. Casiano sigue narrando que este monje orgulloso es impertinente y demuestra un desdén diabólico hacia su superior, al que él debe responder por sus acciones. Casiano describe su modo de andar altivo, su voz fuerte, su silencio amargo, su júbilo estrepitoso y excesivo, su tristeza sin límites. Casiano explica que el monje orgulloso habla con autoridad, responde con rencor, da rienda suelta a su lengua, no puede esperar a dar su opinión y le falta paciencia y caridad. Mientras libremente insulta a los demás, es un cobarde cuando lo insultan. Es fastidioso en la obediencia, a menos que reciba una orden que lo beneficie y no perdona cuando recibe una admonición. Es débil cuando se trata de renunciar a sus deseos y testarudo para someterse a los demás. Siempre está buscando su propio beneficio. Jamás está dispuesto a abandonar sus preferencias por los demás, ni tampoco puede aconsejar acertadamente ya que considera que su propia opinión vale más que la de sus superiores (*Inst.* XII.28).

Lo más desconcertante del orgullo es la forma en que puede inspirar a una persona a hacer propuestas al prójimo en términos muy atractivos y en una forma espiritual muy tentadora. Generalmente, un monje al que el orgullo ha enfriado, quiere dominar al prójimo. Creyendo que sus decisiones son impecables, es hábil en lograr que todos obedezcan su voluntad.

¿Este monje, puede vencer el orgullo? Para hacer esto, tiene que hacer lo opuesto al cuadro demostrado en el párrafo anterior. El monje orgulloso, que por la gracia de Dios tiene remordimiento de corazón y se da cuenta que está en el camino equivocado, tiene que volver a encontrarse a sí mismo y empezar a controlar sus pensamientos. Debe volver a practicar *lectio divina* y escuchar con el oído de su corazón la palabra de Dios que está dirigida al centro de su ser.

Hemos leído que Dios no nos llama nada menos que su amigo y que esta relación permanente con Cristo está siempre a nuestra disposición (Jn 15). Por medio de la oración y del ayuno me doy cuenta que no puedo conseguir la virtud perfecta ni la felicidad prometida por mi propio esfuerzo. Todo viene de Dios. El "buen ladrón" que murió al lado de Jesús en el Gólgota, está en cada uno de nosotros. Sé que respondió a la gracia de Dios y que en la hora de su muerte, fue recibido en el paraíso. Tengo esperanzas. No hace ninguna diferencia la distancia que mantuve desde mi intención original de buscar a Dios. Me consuela saber que el viaje vale la pena aunque la travesía sea muy difícil. Las penas se reducen a la nada.

¿Cómo puedo obtener pureza de corazón después de haber dado mi consentimiento a los pensamientos de orgullo? Los padres y las madres del desierto me recuerdan que la respuesta es que Dios ayuda a los que se ayudan, corren, buscan, preguntan y tocan a la puerta. La misericordia de Dios está disponible. Dios desea nuestra santificación.

Cuando los monásticos hacen sus votos, la oración siguiente es el cántico llamado Suscipe:

*Acéptame Señor de acuerdo a tu palabra, para que pueda
    vivir
Y no permitas que me confunda en mis esperanzas.*

El Suscipe es una petición para ser fiel, para completar el
viaje durante el curso de esta vida, para el bien de mi vida
presente y en la eternidad. Esta promesa es válida para todos.
El camino consiste en responder a cada inclinación, por mínima
que sea, a vivir con más amor.

¿Quién nos puede enseñar esto? Nuestra obligación es prestar
atención a nuestros maestros, aunque tenemos que fijarnos si
ellos sienten compunción por sus faltas. El arrepentimiento sano
de nuestros pecados, nuestro deseo de Dios y el amar a todas
las criaturas de Dios, deben aumentar según avanza la pureza
del alma. Los maestros auténticos nunca se atribuyen ningún
mérito. Escucha a los maestros que voluntariamente escogieron
el camino espiritual y que consienten en la parte más profunda
de su alma, a la voz sutil de la ayuda divina. Por sus frutos los
conocerás. Los frutos que se observan en el camino espiritual
son la caridad, la compasión, la humildad y la bondad.

No te dejes engañar por los ancianos encanecidos. Si adviertes
que no han dominado sus pensamientos sobre la comida,
el sexo, las cosas, la ira, la tristeza, la acedia, la vanagloria y
el orgullo, estas personas mayores se encuentran descalificadas
para trasmitir la tradición. Los maestros deben practicar lo que
enseñan. Se ve muy claramente que el discernimiento no puede
fluir de aquellas personas que están también afectadas. Si se
observa un alto grado de compunción, de humildad y de caridad,
escucha a este sabio. Pide a Dios que te conceda la fuerza
para practicar en su nombre. Mi habilidad me protegerá como
un escudo cuando mis prácticas entren en su propio ritmo. Mi
respuesta a la acción divina en mi alma es la compunción habitual,
una unción que me protege contra los pensamientos de
orgullo. Si recuerdo diariamente mis faltas y añoro estar con
Dios, mi búsqueda continuará con pensamientos humildes, no
con pensamientos auto-justificados (*Conf.* II.13).

Esta es la fe sencilla de los padres de la antigüedad. No se puede aprender esta fe por intermedio de silogismos dialécticos o por la elocuencia de Cícero. Se aprende por intermedio de una vida pura, de acciones inmaculadas, de la rectificación de errores y especialmente por la gracia de Dios (*Conf.* XIV.14). La totalidad de la Conferencia XIV está dedicada a este tema de conocimiento espiritual.

Casiano advierte que el pecado de la blasfemia es el luchar para llegar a la perfección por nuestros propios esfuerzos, pero dejando a Dios a un lado. Este es un paso muy serio para la persona que ha renunciado a su modo de vida anterior, que ha renunciado a sus pensamientos y que tal vez renunció a los pensamientos de Dios. El renunciar a Dios es un retroceso muy serio en el viaje espiritual. Este pecado nos lleva a las tentaciones, especialmente contra la castidad. Casiano nos hace notar que la castidad es una de las primeras disciplinas en fracasar. No veo ninguna razón por la cuál tengo que controlar mis deseos sexuales si no hay nadie más que yo a quien rendirle cuentas. Puedo discernir, juzgar, actuar por mí mismo, sin tener que considerar ningún otro factor. Para la persona orgullosa, la experiencia es la norma. El sexo es la expresión más natural del ser humano, y por lo tanto es una actividad fácilmente accesible. Pero es también factible usar el sexo para explotar el cuerpo, usando ocasionalmente terminología mística en una forma exagerada como justificación para la actividad sexual normal.

La perfección que se busca en el orgullo, sólo se puede obtener por medio de la humildad. La humildad está en pleno contraste con el orgullo. La humildad no está por encima—como es el caso de la vanagloria—pero tampoco está por debajo como la tristeza. Es el fruto de haber trabajado a través de la acedia. Hago mis labores manuales cuidadosamente, consciente de la presencia de Dios presente en cada momento. En el regazo de la humildad puedo analizar mis pensamientos, seleccionar cuáles son los míos propios, cuáles provienen de las inclinaciones diabólicas de mi mente inconsciente, y cuáles provienen de Dios. Casiano nos enseña que la humildad destruye el orgullo. Para llegar a la humildad, primeramente tengo que volver a renunciar a mis posesiones. Debo saber que las cosas son sólo para usarlas, no para poseerlas. Todo es un regalo. Como un primer paso, debo volverme a educar en las enseñanzas sobre las cosas. Casiano hace recuerdo al monje sobre el símbolo de la vestidura que se le dio cuando entró al monasterio. Ya había renunciado a sus pertenencias. Está empezando una nueva vida, como cuando un niño, en su bautizo, recibe simbólicamente su vestidura blanca. Se viste con humildad y sencillez.

Casiano observa que, lamentablemente, muchas personas que sufren de orgullo no quieren abandonarlo ya que se sienten muy bien al creer que siempre están en lo cierto. Parte del estado final del orgullo es que la persona afectada se siente sacrosanta. No tiene necesidad de arrepentirse, de conversión, ni de cambiar su corazón.

La hermana Catherine Howard traduce el Capítulo VII de San Benito sobre la humildad en un lenguaje contemporáneo: La humildad exige una atención constante y reverente hacia Dios. Cuando vigilamos nuestro comportamiento y nuestros pensamientos internos, deseamos vivir en armonía con la voluntad de Dios. Debemos desarrollar la buena voluntad de responder a los deseos y ordenes legítimos del prójimo, por amor a Dios y tener presente que tenemos que aceptar silenciosamente el sufrimiento necesario de la vida. No debemos sucumbir a las luchas del diario vivir con ira, depresión o con el deseo de olvidarnos de todo. Es aconsejable encontrar una persona madura, en quien tengamos confianza, para revelarle honestamente nuestros pensamientos recónditos, ya sean buenos o malos. Al hacer esto, hasta podemos aceptar con ecuanimidad el tratamiento mezquino que a veces recibimos de otras personas, y podemos encontrar en nuestro corazón una aceptación sincera y pacífica, que no somos ni mejores ni peores que los demás. Esta aptitud de vivir comunalmente, sin la necesidad de proyectar nuestra identidad actuando en forma contraria de los demás, se muestra en nuestra habilidad de abstenernos de dar nuestra opinión sobre cada tópico y cada situación. De esta forma, evitamos risas tontas, sarcásticas, desagradables, presentando un comportamiento simple, benévolo, auténtico, sin ninguna ostentación.[31] Esta descripción de la humildad nos proporciona un examen de conciencia diario que beneficia a todos los que queremos practicar la espiritualidad de la tradición del desierto en el Siglo XXI. La lista es de fácil lectura, pero requiere toda una vida para participar de todo corazón en este modo de vida.

Otra perspectiva de Los Doce Pasos de la Humildad se encuentra en *La Escala del Orgullo* de San Bernardo de Clairvaux.[32] Al observar sus grados de orgullo, podemos darnos cuenta a qué distancia nos encontramos en el camino de la humildad. El primer escalón es la *curiosidad.* San Bernardo dice que el perverso, "guiña el ojo, toca ligeramente con el pie, señala con el dedo" (49). La persona da la impresión de estar fuera de foco, siguiendo sus caprichos. No guarda su corazón. Este estado conduce al segundo escalón, la *veleidad mental,* donde la mente tiene altibajos. Esto lleva al tercer escalón: la *frivolidad.* La risa estridente está dirigida al prójimo. No toma en cuenta su vulnerabilidad. El cuarto escalón, la *jactancia,* no tarda en llegar:

> Extraes de tu tesoro cosas nuevas y cosas viejas. No eres cauteloso al dar tus opiniones, las palabras salen a borbollones. No esperas que se te pregunte algo. Tu respuesta llega antes que la pregunta. Tu haces las preguntas, das las respuestas, no dejas hablar a nadie. Cuando llega el momento necesario de terminar la conversación, aunque haya durado una hora, tú necesitas un minuto extra. Pides permiso para resumir tu charla, no con el propósito de edificar a tus oyentes, sino para demostrar tu conocimiento. ¡Inclusive te jactas de tu humildad!

El quinto escalón es ser único, ser *singular:* Puede comer más o menos que cualquiera, pero siempre lo hace en forma más extrema que los demás. Este concepto falso se observa fácilmente en pequeños detalles, en el modo de vestirse, en la comida, en la forma de caminar o en la conversación. Su propia intención está oculta de su corazón. El sexto escalón, el *engreimiento*, es donde llega a la certeza, en los más profundo del corazón, que es más santo que los demás. Esto conduce fácilmente al séptimo escalón, la *presunción*. Muy pronto se coloca antes que el prójimo. Desdeña los trabajos cotidianos, por estar debajo de su dignidad. Oculta tus errores, pero si se los corrigen, presenta una serie de excusas que conducen al octavo escalón: la *auto—justificación*.

El noveno escalón es la *confesión hipócrita*, como un medio de salir de una situación molestosa: "Bajan los ojos, se humillan hasta el final de todo." Si pueden, echan algunas lágrimas. Suspiros y quejas interrumpen sus palabras. No sólo admiten lo que ha pasado, pero exageran su culpa. Sus protestas son una forma fraudulenta de balancear una penitencia significativa o la reparación del mal que han hecho.

El décimo escalón es una *franca rebeldía*. Las personas que la padecen, menosprecian a sus hermanos y a sus hermanas, luego demuestran insolencia contra las autoridades establecidas. El undécimo escalón del orgullo es la *licencia para pecar*. Sin ningún miramiento, se entregan a sus deseos pecaminosos, caminando paso a paso hacia el pecado. Finalmente, está el hábito de *pecar*, que constituye el escalón número doce del orgullo. El placer de pecar se vuelve deleitable y se buscan nuevas formas que estén al servicio de cada impulso. Una cosa lleva a la otra.

Los justos, que han subido todos los escalones de la humildad, controlando y abandonando los grados del orgullo dentro de ellos, pueden cambiar la dirección e invertir su desliz hacia el orgullo, subiendo, en su lugar, la escala de la humildad, de acuerdo al lineamiento que presenta San Benito en el Capítulo VII de su Regla. Avanzan hacia la vida con un corazón dispuesto y con la facilidad de un buen hábito. Pero, los que han descendido al fondo regidos por malos hábitos, se precipitan hacia a la muerte, sin ningún temor. La apatía ignora todos los síntomas de advertencia. La seguridad se encuentra tanto en la verdad como en la ceguera. Se ha perdido el temor a Dios. Ha sido reemplazado por el desprecio (60).

El orgullo me desvía de mi viaje espiritual. Si tengo la suerte de reconocerlo y de arrepentirme, debo volver a empezar nuevamente con la primera renunciación. Renuncio a mi modo de vida anterior, pero esta vez, veo que la motivación para ese modo de vida, era el orgullo carnal. Me doy cuenta que mis pensamientos negativos sobre la comida, la bebida, el sexo, las cosas, la ira, la tristeza, la acedia y la vanagloria, eran sólo expresiones de mi obstinación. Empiezo todo nuevamente, como si fuera una novicia al principio de mi viaje espiritual, dedicándome a todas las prácticas: silencio, ayuno, oración incesante, guarda del corazón, vigilancia de los pensamientos, manifestación de los pensamientos, el uso de mi celda, *lectio divina,* vigilias, trabajos manuales, ministerio, discernimiento y meditación. Un buen lugar para despertar de nuevo es desembarazándome de cosas. Sería oportuno, por ejemplo, ordenar mi disposición hacia a las cosas, mostrándolo en la forma que mantengo mi celda: en orden.

Este modo de vida exigido por el método de la renunciación del medio, se hace con el fin de recibir la gracia de la oración y para mantener una relación con Cristo. El abandono de la auto-charla, como un medio para crear una vida interior rica de oración incesante, y un amor íntimo y pleno hacia Cristo, es tan natural, fácil y normal como en cualquier otra relación íntima. Como práctica, la posición contemplativa consiste, simplemente, en un profundo escuchar. La acompaña una atracción voluntaria y flexible hacia todo lo que es santo en esta vida y en la próxima.

Existen tres guías para el camino espiritual: las Escrituras, la tradición y los ancianos o personas mayores. Hoy en día, la mayoría de nosotros vivimos en un medio donde hay muy pocos ancianos. No obstante, tenemos las Escrituras y la tradición que nos orientan hacia la práctica de *lectio divina*, la práctica de escuchar las Escrituras con el corazón. Si practico *lectio divina* usando las Escrituras y estudio los escritos sagrados de la tradición—como aquéllos encontrados en la tradición del desierto—los cuáles ya hemos examinado—llego a las enseñanzas que puedo practicar con toda confianza. Puedo compararme con los ejemplos de Dios y de los santos que han imitado a Cristo. Cuando conozca a Cristo en lo más íntimo de mi corazón, habré llegado al lugar feliz donde no necesitaré más la práctica constante de los ocho pensamientos.

En este estado, los cristianos narran dos experiencias predominantes. Hablan de un amor sellado por la amistad y de un diálogo interno que inclusive puede llegar a la unión mística, o narran una presencia constante de Dios, no diferenciada, pero descrita universalmente que llega a los niveles más profundos de la conciencia. Con frecuencia se le llama a este estado, iluminación—están presentes simultáneamente la luz del conocimiento de Dios y el misterio de la nada. Ambas experiencias sumergen a la persona en el Cristo cósmico que satura el universo. Esta conciencia de Dios, rinde el lenguaje inútil. Cuando se vislumbra la verdadera realidad del amor de Dios, es imposible retroceder al pensamiento usual. El primer fruto de la conquista del orgullo es tener un corazón capaz de encontrar a "Dios cara a cara." Nuestro tiempo en la tierra es dedicado a amar a Dios por medio del camino de la *via negativa*. Dios emerge como Dios, cuando yo, una simple buscadora, conozco mis pensamientos y los renuncio. Los sentidos espirituales se abren y despierta la conciencia.

¿Qué son los sentidos espirituales? Para poderlos comprender, tengo que dar el paso a hacer la tercera renunciación. Debo abandonar mis pensamientos, inclusive mis pensamientos de Dios, de tal forma que los sentimientos espirituales habiliten un nuevo idioma para mi nueva conciencia. Los sentidos espirituales son la forma del amor para conocer a Dios, la forma del amor para ver, para sentir, oler, probar o para tocar a Dios. Los sentidos espirituales de todos los cristianos fueron abiertos en el rito bautismal:

Mientras se signan los oídos el ministro del bautismo dice:
Recibe el signo de la cruz en tus oídos para que escuches la voz del Señor.

Cuando se signan los ojos:
Recibe el signo de la cruz en tus ojos, para que veas la gloria de Dios.

Cuando se signan los labios:
Recibe el signo de la cruz en tus labios, para que puedas responder a la palabra de Dios.

Cuando se signan los hombros:
Recibe el signo de la cruz en tus hombros, para que puedas llevar el yugo suave de Cristo.

Cuando se signan los pies:
Recibe el signo de la cruz en tus pies, para que puedas caminar por el camino de Cristo.[33]

Todos tenemos la capacidad de despertar nuestros sentidos espirituales. Son pocos los santos que narran sus experiencias sobre los sentidos espirituales, pero los cristianos que los tienen despiertos manifiestan esta atención espiritual y gozan con el simple hecho de estar vivos. Hasta no haber renunciado a mi modo de vida anterior, no puedo hacer la renunciación del medio—la renunciación de los pensamientos, que hemos estado estudiando en este libro. Hago la renunciación del medio antes de prepararme para renunciar a mi idea de Dios. Me purifica de tal forma que recién me doy cuenta de todo lo que ya existía dentro de mí desde un principio. No queda ya ningún obstáculo, ninguna duplicidad. Solamente existe Dios. Y aunque he mostrado las tres renunciaciones en secuencia, a un nivel algo misterioso las tres renunciaciones tienen que hacerse diaria y simultáneamente.

Mary Mrozowski, una de las madres fundadoras del movimiento de la Oración Centrante, dijo, "No existe el pensamiento que merezca ser pensado." ¿Estaba hablando sobre la efemeridad del tiempo o sobre la forma que los pensamientos circunvalan la conciencia actual? ¿O se refería, tal vez, a que la amistad con Dios, que está más allá de todo pensamiento, es infinitamente preferible? Creo que su dicho "No existe el pensamiento que merezca ser pensado" significa todo lo dicho anteriormente y mucho más. No importa qué pensamiento es, ya sea el pensamiento de comida, de sexo, de cosas, la misma respuesta es la apta: abandónalo y recuerda a Dios. El don de abandonar todos los pensamiento menos el de nuestro Amado, es un tesoro que hemos heredado de nuestros padres y madres del desierto. Los vínculos profundos descansan más allá de los pensamientos. Si dejamos que Dios sea Dios en nuestra vida más íntima, entonces, verdaderamente, los pensamientos carecen de importancia.

Apéndice

Prácticas Monásticas: Compilación Alfabética

✤ *Ayuno* es la práctica de mantenerse en el camino intermedio con la comida y con la bebida. No se debe comer por demás, ni tampoco se debe comer muy poco. No se debe comer alimentos de muy alta calidad o de nutrición insuficiente. Se debe comer en el tiempo oportuno. La única excepción a esto debe ser dictada por la práctica de la hospitalidad.

✤ *Buen celo* es la forma de hacer todas las prácticas. El buen celo es pensamiento, palabra y obra hacia la caridad, hacia el amor al prójimo. Amar a todos como Cristo nos amó primero.

✤ *La celda* es el lugar donde se practica. Este es el espacio donde se encuentra el tiempo necesario para estar solo con Dios.

✤ *Compunción* es el deseo de Dios que lleva consigo la doble tensión: la añoranza de Dios y el desasosiego de estar lejos de El, debido a la condición humana.

✤ *Discernimiento* es la práctica de escuchar nuestros pensamientos, clasificando los que son de Dios, los que son de uno mismo, los que son del demonio. La práctica consiste en dejar de lado nuestros pensamientos. Escucha a esa voz sosegada, pequeña, observa una indicación de confirmación y descubre el fruto en la vida diaria, por ejemplo: el amar a nuestros enemigos.

✤ *Guarda del corazón* es la práctica de anticiparse a personas, lugares y cosas que ocasionan que asuntos exteriores penetren en el corazón que busca estar con Dios.

✤ *Lectio divina* es la práctica de escuchar con el corazón los textos de revelación divina de las Escrituras, de la naturaleza o de la experiencia, con el objeto de amar a Dios. La atención a los sentidos literales y simbólicos del texto requieren tiempo, práctica y esmero.

✤ *Manifestación de los pensamientos* es la práctica de controlar la sucesión de nuestros pensamientos presentándolos a un anciano, con la esperanza que esta persona esté más iluminado que uno. La meta es practicar la humildad y parar los pensamientos cíclicos que vienen a la mente consciente. Esta práctica nos conduce al discernimiento, de tal forma que uno puede ordenar los pensamientos, tanto sus intenciones como su objetividad. En la época del desierto, el anciano daba la palabra de salvación o una instrucción que impartiría al discípulo la gracia de transportarse más allá de la aflicción que sufría en ese momento.

✤ *Oración incesante* es el respirar continuamente la Oración de Jesús, o cualquier otra oración, de tal forma que dicha oración se convierte en una mantra, trabajando constantemente en el nivel más profundo de nuestra conciencia para estar en unión con Dios. Al aprender a hacer esto, la primera fase es mecánica, la segunda fase es mental y la tercera fase es mística.

✤ *Práctica de la Presencia de Dios* es el uso de la memoria activa en la conciencia ordinaria, usando actividades cotidianas como los trabajos manuales, la higiene personal y los signos naturales que evocan la conciencia habitual de Cristo.

✤ *Recogimiento* es la práctica de la atención, de estar en la presencia de Dios.

✤ *Silencio* es la práctica de aquietar nuestros pensamientos y de escuchar.

✤ *Trabajos manuales* es la tarea repetitiva que se hace mientras se practica la oración mántrica. Son los trabajos que aminoran la actividad del ego. Son los trabajos que facilitan el *tiempo* para *conocer* los pensamientos.

✤ *Vigilancia de los pensamientos* es la práctica de estar consciente de nuestros pensamientos mientras vienen y van. Es el poder capturar los impulsos antes de que se conviertan en series de pensamientos, de deseos y de pasiones. Por medio de la práctica se puede aprender a consentir a los pensamientos que son beneficiosos para la vida espiritual. ¡Nosotros no somos nuestros pensamientos!

Notas

1. John Cassian, *The Conferences,* Sulpitius Severus, Vincent of Lerins, John Cassian, *The Nicene, Post Nicene Fathers* 2.11., ed. Philip Schaff y Henry Wace, trad. Edgar C. S. Gibson (Grand Rapids, Mich.: Wm. B. Eerdmans Publishing Co., 1986; reimpresión Junio 1991). (Contiene todo menos *Institute VI* y *Conferences XII* y *XXII.*) Las secciones sobre sexualidad fueron omitidas en la edición de Eerdmans. Salvo que esté formulado específicamente, uséa la series NPNF para todas las referencias excepto en la sección "Sobre el Sexo," donde usé la traducción de Terrence Kardong: *Cassian on Chastity: Institute VI, Conference XII, and Conference XXII,* introducción y trad. Terrence G. Kardong (Richardton, N.Dak.: Assumption Abbey Press, 1993).

2. Douglas Burton-Christie, *The Word in the Desert* (New York: Oxford University Press, 1993), 73 ff.

3. Bernard McGinn, *The Growth of Mysticism* (New York: Crossroad, 1994), 386.

4. Ewert Cousins, *Christ of the Twenty-First Century* (New York: Continuum, 1992), 50–52.

5. Thomas Merton, *The Wisdom of the Desert* (New York: New Directions, 1960), 30.

6. Ibid., 8.

7. Charles Cummings, *Monastic Practices* (Kalamazoo, Mich.: Cistercian Publications, 1986), 123–24.

8. Mary Margaret Funk, entrevista con Swami Harshananda de Bangalore, *Bulletin of Monastic Interreligious Dialogue* 57 (1997): 10.

9. Macario, Starets of Optino, *Russian Letters of Direction* 1834–1860, ed., trad. y prólogo por Julia De Beausobre (Westminster: Dacre Press, 1944; reimpreso by Robert Maclehouse and Co., Glasgow: The University Press, 1947), 47.

10. Swami Bhaskaranda, *The Essentials of Hinduism* (Seattle: Viveka Press, The Vedanta Society of Western Washington), 11.

11. *The Mind's Long Journey to the Holy Mountain: The Ad Monachos*

of Evagrius Panticus, trad. Jeremy Driscoll (Collegeville, Minn.: Liturgical Press, 1993), 31.

12. *Apophthegmata Patrum,* Anonymous Series, No. 221, trad. Benedicta Ward, *The Wisdom of the Desert Fathers* (Oxford: Fairacres, 1975) o *The Sayings of the Desert Fathers,* Alphabetical Series 13, trad. Benedicta Ward (Cistercian Publications, 1975), 3.

13. *Philokalia,* vol. 4, trad. G. E. H. Palmer, Philip Sherrard, y Kallistos Ware (Londres: Faber and Faber, 1995), 437.

14. *Yoga Sutras,* trad. Swami Prabjavananda y Christopher Isherwood (Madras, India: Sri Ramakrishna Math, 1997), 104.

15. John Cassian, Institute VII, *On the Spirit of Covetousness* tiene treinta y un capítulos. Esta lista es una descripción compuesta para este libro.

16. Irenee Hausherr, *The Name of Jesus* (Kalamazoo, Mich.: Cistercian Publications, 1978), 158 ff.

17. *The Rule of Saint Benedict 1980,* ed. Timothy Fry (Collegeville, Minn.: Liturgical Press, 1981), 36–38.

18. Ibid., 44.

19. *The Cloud of Unknowing,* trad. Wm. Johnston (New York: Doubleday Image Books, 1973), 27.

20. Maha Ghosananda, *Step by Step* (Berkeley, Calif.: Parallax, 1992), 37.

21. Judith Cebula, "Gandhi's Grandson's Stories Teach Butler Students about Nonviolence," *Indianapolis Star,* November 19, 1997.

22. Dalai Lama, *Healing Anger* (Ithaca, N.Y.: Snow Lion Publications, 1997), 97.

23. Sogyal Rinpoche, *The Tibetan Book of Living and Dying* (San Francisco: Harper, 1994), 193–205.

24. Pema Chödrön, *Start Where You Are: A Guide to Compassionate Living* (Boston: Shambala Publications, 1994), 50. Este libro describe el punto de vista de Pema Tsultrim.

25. *Catechism of the Catholic Church* (Liguori, Mo.: United States Catholic Conference, 1994), no. 2733, 655.

26. Cassian, *Institutes* X, capítulos 1–25, dan cuatro descripciones sobre un monje afligido por la acedia. He editado la descripción.

27. Thomas Merton, *Contemplation in a World of Action* (New York: Doubleday, 1997), 252.59.

28. Irenee Hausherr, S.J., *Penthos: The Doctrine of Compunction in the Christian East* (Kalamazoo, Mich.: Cistercian Publications, 1987), 52.

29. *Swami Abhishiktananda,* ed. James Stuart (Delhi, India: ISPACK, 1995), 266. Escribe en 1972, "Recién ahora estoy leyendo a Juan de la

Cruz y a Teresa de Avila. Puedo interpretar el sentido de lo que dicen, pero qué complicado es su 'lenguaje.' Parece chino a un europeo. Una vez que el lenguaje de Upanishad se libera del substrato ritual-mágico, qué pureza y dirección que tiene por contraste" (271).

30. Bruno Barnhardt, *The Good Wine* (Mahway, N.J.: Paulist Press, 1993), 99–101.

31. Katherine Howard, O.S.B., *Praying with Benedict: Companions on the Journey* (Winona, Minn.: St. Marys Press, 1996), 81.

32. Bernard of Clairvaux, *A Lover Teaching the Way of Love,* trad. M. Basil Pennington (Hyde Park, N.Y.: New City Press, 1997), 43–51.

33. *Rite of Christian Initiation of Adults,* National Conference of Catholic Bishops (New York: Catholic Book Publishing Co., 1988), 28–29.

Bibliografía Selecta

Allen, Diogenes. *Spiritual Theology: The Theology of Yesterday for Spiritual Help Today.* Cambridge: Cowley Publications, 1997.

Anonymous. *The Way of a Pilgrim and The Pilgrim Continues His Way.* Trad. Helen Bacovin. New York: Image Books Doubleday, 1992.

Athanasius. *Vita Antonii.* Trad. R. C. Gregg. *The Life of Anthony and the Letter to Marcellinus.* New York: Paulist Press, 1980.

Bernard of Clairvaux. *A Lover Teaching the Way of Love.* Ed. M. Basil Pennington. Hyde Park, N.Y.: New City Press, 1997.

Benedict. *The Rule of St. Benedict.* Ed. T. Fry. En latín e inglés con notas. Collegeville, Minn.: Liturgical Press, 1981.

Bondi, Roberta. *To Love as God Loves: Conversations with the Early Church.* Philadelphia: Fortress Press, 1987.

Brown, Peter. *The Body and Society: Men, Women and Sexual Renunciation in Early Christianity.* New York: Columbia University Press, 1988.

————. *Augustine of Hippo, A Biography.* Berkeley: University of California Press, 1969.

Burton-Christie, Douglas. *The Word in the Desert.* New York: Oxford University Press, 1993.

Casey, Michael. *Toward God.* Liguori, Mo.: Triumph Books, 1996.

————. *Sacred Reading.* Liguori, Mo.: Triumph Books, 1996.

Cassian, John. *Collationes. Conferences.* Trad. Edgar C. S. Gibson. *A Select Library of Nicene and Post-Nicene Fathers,* n.s., no. 11, Oxford: Parker and Co., 1894. Reprint, Grand Rapids, Mich.: Eerdmans, 1989.

————. *John Cassian: Conferences.* Trad. Colum Lubheid. New York: Paulist Press, 1985.

————. *Cassian on Chastity: Institute VI, Conference XII, and Conference XXII,* trad. Terrence G. Kardong. Richardton, N.Dak.: Abbey Press, 1993.

————. *The Conferences.* Trad. Boniface Ramsey, O.P. Mahwah, N.J.: Paulist Press, 1997.

Catholic Catechism of the Catholic Church. Trad. United States Catholic Conference. Ligouri, Mo.: Ligouri Publications, 1994.

Cummings, Charles, O.C.S.O. *Monastic Practices*. Kalamazoo, Mich.: Cistercian Publications, 1986.

Driscoll, Jeremy, O.S.B. *The "Ad Monachos" of Evagrius Ponticus: The Monks Long Journey to the Holy Trinity*. Collegeville, Minn.: Liturgical Press, 1993.

Dalai Lama, H. H. *The Policy of Kindness*. Ithaca, N.Y.: Snow Lion Publications, 1993.

Epstein, Mark, M.D. *Thoughts without a Thinker*. New York: Basic Books, Harper Collins Publishers, 1995.

Evagrius Ponticus. *The Practikos and Chapters on Prayer*. Trad. John Eudes Bamberger. Kalamazoo, Mich.: Cistercian Publications, 1978.

The Gethsemani Encounter. Ed. Donald Mitchell and James Wiseman. New York: Continuum Publishing Group, 1997.

Goettmann, Alphonse and Rachel. *The Spiritual Wisdom and Practices of Early Christianity*. Trad. Theodore J. Nottingham. Greenwood, Ind.: Inner Life Publications, 1994.

Hausherr, Irenee, S.J. *Penthos:The Doctrine of Compunction in the Christian East*. Trad. Anselm Hufstader, O.S.B. Kalamazoo, Mich.: Cistercian Publications, 1982.

————. *The Name of Jesus*. Trad. Charles Cummings, O.C.S.O. Kalamozoo, Mich.: Cistercian Publications 44, 1978.

Historia Monachorum in Aegypto. Trad. Norman Russell. *The Lives of the Desert Fathers*. Introducción por Benedicta Ward. Londres: Mowbray, 1980.

Kardong, Terrence. *Benedict's Rule: A Translation and Commentary*. Collegeville, Minn.: Liturgical Press, 1996.

Keating, Thomas, O.C.S.O. *Open Mind Open Heart: The Contemplative Dimension of the Gospel*. Warwick, N.Y.: Amity House, 1986.

————. *Intimacy with God*. New York: Crossroad, 1994.

————. *Invitation to Love: The Way of Christian Contemplation*. Rockport, Mass.: Element, 1992.

Leclercq, Jean, O.S.B. *The Love of Learning and the Desire for God*. New York: Fordham University Press, 1961.

Lives of Pachomius. Trad. Aarmand Veilleux. *Pachomian Koinonia: The Lives Rules, and Other Writings of Saint Pachomius and His Disciples*. Vol. 1 *The Life of Saint Pachomius and His Disciples*. Cistercian Studies no. 45. Kalamazoo, Mich.: Cistercian Publications, 1980.

Louf, André. "Spiritual Fatherhood in the Literature of the Desert." In *Abba,* ed. John R. Sommerfeldt. Kalamazoo, Mich.: Cistercian Publications, 1982.

Maloney, George, ed. *Pilgrimage of the Heart: A Treasury of Eastern Christian Spirituality.* San Francisco: Harper & Row, 1983.

McGinn, Bernard. *Foundations of Mysticism.* New York: Crossroad, 1991.

————. *The Presence of God: A History of Western Christian Mysticism.* New York: Crossroad, 1994.

Merton, Thomas. "The Spiritual Father in the Desert Tradition." *Cistercian Studies* 3 (1968).

————. *The Wisdom of the Desert.* New York: New Directions, 1960.

————. *Zen and the Birds of Appetite.* New York: New Directions, 1968.

————. *Mystics and Zen Masters.* New York: Noonday Press, 1967.

————. *The Climate of Monastic Prayer.* Spencer, Mass.: Cistercian Publications, 1969.

Monastic Interreligious Dialogue Bulletin. Ed. James Conner. Desde 1978 publicado tres veces al año en Abbey of Gethsemani, Kentucky.

Norris, Kathleen. *Cloister Walk.* Boston: Riverhead Publishers, 1996.

Nouwen, Henry. *The Way of the Heart.* New York: Ballantine Books, 1981.

Palladius. *The Lausiac History (Historia Lausiaca) of Paladius.* Trad. Robert T. Meyer. Westminister, Md.: Newman Press, 1965.

The Philokalia: The Complete Text. Compiled by St. Nikodimos of Holy Mountain and St. Makarios of Corinth. Trad. G. E. H. Palmer, Philip Sherrard, Kallistos Ware. 4 vols. Londres: Faber and Faber, 1995.

————. *Prayer of the Heart: Writings from the Philokalia.* Trad. G. E. H. Palmer, Philip Sherrard, Kallistos Ware. Boston: Shambhala, 1993.

Patanjali Yoga Sutras: How to Know God. Trad. Swami Prabhavananda, published by The President, Sri Ramakrishna Math. Mylapore, Madras, 1997.

Schneiders, Sandra. "Scripture and Spirituality." In *Christian Spirituality: Origins to the Twelfth Century.* Ed. Bernard McGinn, J. Meyendorff, and Jean Leclercq. New York: Crossroad, 1985.

Spidlik, Thomas. *The Spirituality of the Christian East: A Systematic Handbook.* Trad. A. P. Gythiel. Kalamazoo, Mich.: Cistercian Publications, 1986.

Sophrony, Archimandrite. *The Monk of Mount Athos.* Trad. Rosemary Edmonds. Crestwood, N.Y.: St. Vladimir's Seminary Press, 1989.

Stewart, Columba, O.S.B. *Cassian the Monk* New York: Oxford University Press, 1998.

Underhill, Evelyn. *Mysticism: A Study in the Nature and Development of Man's Spiritual Consciousness*. New York: New American Library, 1974.

———. *Mystics of the Church*. New York: Schocken Books, 1964.

Ward, Benedicta. "Signs and Wonders: Miracles in the Desert Tradition." *Studia Patristica* 17 (1982).

———. *The Sayings of the Desert Fathers: The Alphabetical Collection*. Londres: Mowbrays, 1975.

———. *The Wisdom of the Desert Fathers: Apophthegmata Patrum from the Anonymous Series*. Oxford: SLG Press, 1975.

Ware, Kallistos. *The Power of the Name*. Oxford: Fairacres, 1974.

———. "Pray without Ceasing: The Ideal of Continual Prayer in Eastern Monasticism." *Eastern Churches Review* 2 (1969).